伝わる言葉。

失敗から学んだ言葉たち

仙台育英学園高等学校硬式野球部監督
須江 航

伝わる言葉。

失敗から学んだ言葉たち

仙台育英学園高等学校硬式野球部監督 須江 航

集英社

はじめに

いま、どのようなコミュニケーションが求められているのか。

どうすれば相手に言葉が伝わるのか。現役時代に選手としての実績のない私は、「言葉」ばかり考えています。

コロナ禍の時代、ほとんどのものごとは進み、変化しました。たいへんな災厄であるとともに、それなしでは遅々として変化しなかったであろうものを一気に進めたのもまた事実だと思っています。

それはまた個人の選択の種類、幅を変えたということでもあります。

ひとりの時間を楽しむ、ひとりで完結しても十分に満たされ、充実する世界があることに多くのひとが気づいたのです。みなと同じ空間にいなくてもいい、ひとと会わなくても充実したストレスの少ない楽しい毎日が過ごせるじゃないか、と。

つまり、私やみなさんの周囲には「個」や「間接的であること」を当たり前の価値観として持つひとたちがいる、ということです。その感覚が顕著に現れるのが高校生、大学生、新入社員などいわゆる若者たち。彼らは時代の変化に敏感だからです。

リモートワーク、リモート授業、間接的な会議やミーティングなど少し前であれば「上司や仕事の相手、取引先と直接お会いしないなんて、とても失礼だ」と考えられていた不動の価値観。これがなくなりつつあります。コミュニケーションの形が劇的に変わったのです。

では彼らとどのようにコミュニケーションを取ればよいのでしょうか。

私たち大人に求められることはなんなのでしょうか。

私はひとつには傾聴力だと考えます。大切なことは、伝えたいことがあるならまずは聞く、ということです。

相手がなにを考え、なにに興味があり、なにに困っているのか。そこを知り、考える作業をしないままついつい自分の伝えたいことを話してしまいがちですが、傾聴力ほどコミュニケーションにおいて大切なことはないと思っています。

話を聞くことでどのような言葉が伝わるのかが見えてきます。

かつては、上司の言葉を拝聴したり、偉人や成功者たちの成功譚を読んだりして、ほしいアドバイスを手に入れました。ところがいまはまったく違います。解決法やコツにはウェブ上で一瞬にして出会えます。対人、対面である必要がないのです。

そのうえで対面で言葉を交わすのであれば、タイミングが命で、求められていることを話す丁寧さがカギです。

相手が求めているタイミングで相手が求めているものを伝える。そこがまずスタートラインとなります。相手の心の扉を開く丁寧な作業が必要で、扉が開かなければひとつも伝わりません。

朝礼、会議、ミーティング、打ち合わせ。学校でも職場でも話を伝える場はいろいろあります。このような大勢の集まる場で伝える情報・言葉の相手に伝わる率はよくて二割。せいぜい一割しか伝わってないだろうな、くらいに思っておくべきです。あくまでも一対一の人間関係を丹念に積み重ねて、心の扉が開くのだと思います。

もうひとつは、口は禍のもと。失敗や失言は即、謝罪するべきということです。

「いらないことを言ってしまった」「丁寧さに欠け、誤解を生んでしまった」という場合、大切なのは謝罪の内容よりもスピードです。

言うまでもなく言葉というものは受け取る側の受け取りかた次第です。ねじれ、本来の意図と異なって伝わることのほうが多いのではないでしょうか。失言をひと晩おいてしまうと言葉がどんどんひとり歩きして、気づいたときには本来のところからかなり離れたところまで行ってしまいます。ですから、その日の失言は太陽が落ちる前に謝罪するくらいのスピード感がよいと思います。

このように言葉というものは人間関係を構築するうえでなにものにも代えがたい武器にもなれば、一瞬で壊してしまう怖さも持っています。だからこそ大切なのは伝わりかたなのです。

私がこれから書き進めるのは、私の高校生、大学生、そして教師として現在に至るまでの数多くの失敗や挫折と引き換えに学んだ「伝わる」コミュニケーションについてです。

自分ができているかどうか甚だ怪しいものですが、読んでいただくかたになにかが伝わるように願っています。

目次

CHAPTER

4

組織

目的を達成するために、各々がフラットで、各々の判断で行動する。

- 共有する言葉を持つ
- そのタイミングは適切か?
- 信頼関係がないと伝わらない
- とにかく失敗させる
- サイン、時代、欲望を読む
- 従わせることは教育ではなく洗脳
- 優しさは想像力だ
- 芸人さんから話しかたを学ぶ
- 勝つためのプロセスを学ぶ

CHAPTER

5

習慣

ストレスは感じない。ノーストレスな毎日を送る。

- 一日のスケジュール
- 自分はノーストレス。と思い込んでいる
- 量が質を超える瞬間もある
- 理想の組織は『ルパン三世』
- ライバルとともに成長する
- 「気持ちで負けた」は判断が早い
- 野球以外から学ぶ

取材　　　澤田真幸
ブックデザイン　柴田尚吾（PLUSTUS++）
写真協力　河北新報社（表紙、P.15、P.103）
　　　　　中日新聞社（カバー）
　　　　　松橋隆樹（P.35、P.59、P.81、P.97）
　　　　　カバー写真／2022年夏の甲子園。
　　　　　　　　　　下関国際（山口県）との決勝戦を前に
　　　　　表紙写真／ 2022年8月23日、河北新報朝刊

CHAPTER 1

勝利

神さまにお祈りする前に
やるべきことを。

「宮城のみなさん、東北のみなさん、おめでとうございます！」

優勝監督インタビューでのこの言葉は本当に心の底から出たものです。準決勝を勝ち上がったとき、宮城や東北のみなさんからたくさんのメッセージをいただいて、その熱い思いを感じていましたし、一〇〇年にわたって開かなかった扉がようやく開いたので、自分の願いが満たされたといううれしさよりも、長かった歴史がついに変わったという喜びのほうが大きく感じられました。誤解を恐れずに言えば、二〇二二年夏の甲子園はたかだか高校野球、たかだか甲子園、たかだか東北勢の初優勝だったのに、です。

しかしただそれだけではありませんでした。

ひとつ目の理由は東北が持つ高校野球の文化、歴史に関係したことです。

長い高校野球の歴史のなかで関東や関西に後れをとっていたところを、東北の多くの高校がチャレンジし続け、東北の野球文化を少しずつ作り上げていきました。東北勢は春夏通じて一二回の決勝進出を果たすも、優勝には至らなかったのです。背景にそのような挑戦の積み重ねがあるなか、今回たまたま私たちが優勝を成し遂げた、ということなのです。たまたま運と縁とタイミング、そしてさまざまなものが奇跡的に合わさって成し遂げることができたのだという考えかたです。

そしてもうひとつは地域としての歴史と、共通体験からのつながり。

東北地方には「白河以北一山百文（福島県白河地方から北は、一山に百文の値打ちしかない）」と軽視されてきた長い歴史があります。

東北六県には、「白河以北」という言葉に反骨の志を重ねるかたたちが思いのほか多くいらっしゃって、たかだか高校野球の優勝に対して「これから頑張れそうだ」「いろいろなものが払拭された」といった声を多くいただき、地域や地元のみなさんと喜びを分かちあえた感慨が深かったのです。東北のみなさんはご自身の人生や家族の歴史といったものを高校野球の優勝に重ねていらっしゃるのだなということをあらためて実感しました。

私は埼玉県浦和市で生まれ、比企郡鳩山町というところで育ち、高校生のときに仙台育英学園高等学校の硬式野球部に入部したくて宮城県にやって来ました。その後、大学は青森の八戸大学（現・八戸学院大学）に進みましたが、卒業後は仙台育英学園の教員になったので、宮城だけでも二〇年以上、東北地方で考えると二五年はこの地に暮らしています。生まれ故郷である埼玉よりも暮らしている年数は長くなったわけです。高校野球に関してひとつ大きく違うなと思うことは、東北のひとたちには自分の住む県の代表が甲子園大会などで負けても、ほかの東北の県で勝ち残っているところがあれば、その学校を応援する文化がある、ということです。

埼玉出身の私が高校生のときのことを思い返すと、浦和学院や春日部共栄あたりが強かった時代なのですが、埼玉の学校が負けたからといって、東京や千葉や神奈川の学校を応援しようというようなことはまずなかったと思います。

その点、東北のみなさんは、東北六県に対する愛がもともとあるうえに、東日本大震災を経験したことでそれがさらに強くなったこともあり、ほかの土地にはない絆やつながりがある。今回の優勝に対し上は八〇、九〇代のかたから小学生や一〇代のかたまであまねく大きな反響をいただいたのは、そうしたものがすべて合わさったゆえだと思います。

目に映るひとたちがみなさん笑顔だった

二〇二二年夏の甲子園大会での決勝。最後となるバッターをサードゴロに打ち取り、サードがボールを捕った瞬間、私はようやく勝利を確信し、無意識に腕を天に突き上げました。そして、猿橋善宏部長と抱き合って喜び、記録員の生徒と「よく頑張ったね」と言葉を交わし、校歌斉唱のあとにアルプススタンドのほうへ歩いていきました。そのときの景色で最も記憶に残っているのは、自分の目に映るひとたちがみなさん笑顔だったということです。

負けて終わるときと、勝って終わるときとでは、そこはもう圧倒的に違います。もちろん、笑顔のなかにもいろいろな感情を抱えたひとたちがいたはずです。不完全燃焼だった部員もいるでしょうし、そんな我が子を心配して見守り続けてきた親御さんもいたと思います。でも、優勝したその瞬間は、とても美しく、とてもいい光景が広がっていました。

なぜなら、そこには笑顔しかなかったからです。

私は、仙台育英学園秀光中等教育学校（当時）の野球部を率いていた二〇一四年の夏に、全中（全国中学校軟式野球大会）で優勝した経験はあります。そのときも目に映る景色はみなさんの笑顔でしたが、やはり甲子園は観客の数が違うので、圧倒的でした。あのときの景色はいまだに鮮明に覚えています。自分の視力が五・〇になったのかというくらいスタンドにいる一人ひとりの顔がはっきりと見えました。本当に笑顔しかない、幸福な景色でした。

「青春って、すごく密なので」の真意

ありがたいことに優勝監督インタビューでの「青春って、すごく密なので」という言葉が注目を浴びましたが、新型コロナウイルスのことを聞かれるとは正直思っていなかったので、常日頃から抱えていた思いがつい口に出てしまった、というのが本当のところです。とにかく翻弄され続けました。センバツが中止になり、部活動もできなくなり、夏の甲子園もなくなった。あれもダメ、これもダメと言われ、規制、何度も発出される緊急事態宣言……。それらは収まりがつけば自由が返ってくる交換条件だろうと思っていたら、まっ

たく果たされなかったのです。本当に大人の対応に説得力がなく疑問が残りました。

しかしそんななか、本校の部員たちは大会の中止を前提にしつつもモチベーションを保ち続ける努力を重ねていました。

例えば大会の中止が決まったときも、ちゃんと肉声で聞きたいと思うのです。なんとか大会を開催しようと思って八方手を尽くしたけれども、このような状況なのでどうしても中止にせざるを得なかった。そのようなひと言があればずいぶん違っていたかもしれません。しかし現実は、どちらも第一報はスポーツ新聞のネット記事で知りました。

それも含めて、大人は本当に子どもを大事にしていないということが多すぎるのではないか。そうした思いがこの数年ずっとあったのです。自分も高校生になったような気持ちで思わず出てしまったのがあの言葉であり、そこには「全国の子どもたち、よく頑張ったでしょう。どうか拍手してあげてください」という思いが込められています。いうなれば選手宣誓のようなものです。「もうこの先はこういうことはしないでね」という。

もしかしたらあまりいい言葉ではなかったのではないかと思うこともありますが、少なからず反響をいただいたのは、たとえなんとなくではあっても同じようなことを考えていたかたたちが全国にいたからなのかもしれません。

高校生活が人生のハイライトにならないように

私たちのチームには、補欠という概念がありません。後ほど四章でお話しますが、すべての選手が平等に、正確に言うと公平にチャンスがあるので、控え選手という概念がないのです。宮城県大会ではベンチに入ることがかなわなかった選手でも、甲子園大会ではメンバーに入ることがありうるので、最後まで一生懸命トレーニングを続けています。夏の甲子園の場合は、県大会で優勝したのち甲子園に出場するメンバーを登録するまで二日、三日の期間があるのですが、そこで選手の最終的なフィジカルやコンディションのチェックをして登録メンバーを決めます。

つまり、いままで一度もベンチに入ったことがなかった部員も、常にそのときまでは扉がオープンになっている状態なのです。下関国際（山口県）との決勝戦で満塁ホームランを打った岩崎生弥も、県大会ではベンチに入っていませんでしたが、甲子園大会でベンチ入りした選手です。

しかし甲子園に行くと、もう選手の入れ替えはできません。練習時間の割り当ても一日二時間ほどしかないので、そこからはベンチに入っているメンバーを優先にして、控えの部員はサポートする感じになります。甲子園に行っている期間というのは、最大で三週間なのですが、その三週間も本来は貴重なわけです。三年生のほとんどが卒業後も大学などで野球を続けるのに、己を伸ばすための時間が三週間もなくなってしまうわけですから。それもあって、大会期間の控え選手の頑張りを認めてあげたいという気持ちはとても強いのです。

前置きが長くなってしまいましたが、試合が終わったあとにまず私が声をかけたのは、記録員の田澤優斗でした。大会期間中、まさにチームのために献身的に頑張ってくれたのが彼だったので、「ありがとう。あなたのおかげで勝てたんだ」ということを言葉にして伝えました。

メンバーたちとも「あのとき頑張ってよかったな」みたいなことを話しましたが、試合が終わるとすぐに閉会式があって、閉会式が終わると今度は取材があったので、ようやく落ち着いて話ができたのは、ホテルに戻って夕食を食べたあとでした。

最初に伝えたのが、控えの選手たちが本当によくやってくれたことに対する労いの言葉です。具体的にどのような場面でどんな行動に助けられたのか、どのようなサポートが今回の勝利を生んだのか。彼らにかける言葉が具体的であればあるほど、より深い実感を伴いますし、自己肯定感につながります。

大会期間中はもちろん、入学してからいろいろな節目があり、チームを運営するにあたり分かれ道になるような場面も数多くありました。それらの局面で、個人として、チームとして最良と思う選択をして、その積み重ねの先に今回の優勝という結果があるのだから、背番号を持っていない人間も胸を張って「自分は甲子園で優勝したんだ」と言っていい。あなた自身が思っている以上に勝敗に関わっているのだから、ベンチに入れなかったからといって恥ずかしがったり、引け目に感じたりすることはなくて、この優勝に大きく深く関わっていたのだと思いなさいという話を最初にしました。

次に伝えたことは、今回の夏の甲子園の優勝を人生のなかで最も美しかったり、喜びを感じた瞬間にしてはいけないということです。思い出は美しいものだし常に優しいものだから、苦しいときついそこに寄りかかってしまうことは誰しもあります。あなたたちはたしかにとても大きなものを手に入れたけれど、この先もずっと「あのときはよかったな」「人生のハイライトだったな」ではいけない。そうならないように、「一日でも早く新しい目標を見つけよう」ということを伝えました。

例えば三〇歳になったとき、もしくはもう少し年齢を重ねたときに、「僕、甲子園で優勝しているんですよ」と話したところで、「すごいですね」「そうなんですか」と言われて終わりです。結局、毎年そういうひとたちはいるわけですし、それがあなたの人生において好影響を及ぼしていると相手が思ってくれるのであれば話も展開していくけれど、実績をただしゃべったところであなた自身に魅力がなければ、それ以上なんの会話にもつながりません。興味のないひとにとっては、甲子園優勝というものはその程度の価値しかないということは一方で理解しておくべきだと思うのです。

高校三年生は夏の甲子園大会をもって野球部の活動を終えます。その意味では、優勝を経験した三年生は有終の美を飾ったという言いかたもできますが、終わったのは部活動だけであって、高校生活は卒業式を迎えるその日まで続きます。

子どもの心は移ろいやすいものです。優勝した経験をきっかけにさらなる高みを目指せる生徒もいれば、達成感が大きすぎて、次の目標に対する意欲や意識が湧かない生徒も出てきます。さらに言うと、高校を卒業してから、「高校のときはよかったな」となる生徒は必ずいます。

高校生活が人生のハイライトにならないように。優勝を決めた日の夜、宿舎で私は部員たちの前でそのような話をしました。

成功には再現性がない

おそらくほとんどのケースで成功体験というものはいい方向に働かない、作用しないと私は思っています。

自分自身を振り返っても、高校時代はずっと補欠でしたし、そもそも野球においての成功体験はほとんどないのですが、数少ない成功体験のなかでその後の人生においてプラスに働いたことがどれくらいあるのかと考えたら、ほぼありません。成功したと思ったら、あとで必ず痛い目に遭います。成功によって誤解を生むこともあるし、ひがみ・やっかみに悩まされることもあるし、過信もします。

なにごともそうだと思うのですが、基本的に常に上がり続けることはありません。上がったら上がったぶんだけ落ちる。それは当たり前です。モチベーションも落ちるし、バイタリティも落ちる。

ただし同じ落ちるにしても一気に転げ落ちるのか、ゆっくり徐々に落ちていくのか、その違いはあると思います。急な落下はやはり危険を伴いますし、衝撃の強さで潰れてしまうことがある。だから、私はせめて緩やかに落ちたいと思っています。

そのためには、さまざまなところにストッパーとなるような仕掛けを作ることが必要です。落下スピードが緩やかになれば、落ちているあいだにまた上がるための体力を蓄えることもできます。下るときこそ丁寧に下ることが重要だと思うのです。

私は二〇一八年に仙台育英学園高等学校硬式野球部の監督に就任する前、中学指導の二〇〇九年夏から「日本一からの招待」というスローガンを掲げています。すべての取り組みが日本一に相応しいレベルに到達したとき、「日本一から招かれる」という考えかたで、その実現に向けてさまざまな取り組みを行ってきました。

ついに日本一に招かれたことはとてもうれしいことですが、その先の招待状は持っていません。そもそも私たちは、優勝候補と目されるようなチームではありませんでした。もし高校野球の今年の強さランキングがあるとしたら、おそらく全国で五〇から一〇〇番目あたりで、そのなかでも限りなく一〇〇番目に近いほうだったと思います。

現実的にそう分析していたので、私たちの気持ちとしては、Ｔシャツとジーパンで甲子園に行ってそのまま帰ってきた、そのような感じです。着飾ったりせず、自分たちの身の丈に合った、本当に普段着の野球でした。目の前にある一戦に集中するということをここまで体現できたチームはなかったと思います。宮城県大会の一回戦を迎える雰囲気と、甲子園の決勝戦を迎える雰囲気が一緒でしたから。選手たちとも話したのですが、このときの不思議な感覚はいまだに説明できません。

決勝戦が始まる前、甲子園球場のアルプス席の下にある室内練習場で練習をして、それからグラウンドに入ってキャッチボールをしてシートノックをして試合が始まる、という流れなのですが、その様子を見ていた大会関係者のかたから「決勝戦なのに、こんなに普通にやっているチームは見たことない」と言われたのを覚えています。

大きなことを成し遂げたとき、当人たちは得てして普段と同じ心持ちだったという話はよく聞きます。まさに私たちがそうでした。サイキングアップのように気持ちを高めていくようなこともしなかったですし、ベンチの前に集まって呑気に「なんだかまた明日も試合ありそうだよね」という話をしていましたから。特段、リラックスさせようとして言ったわけではなくて、「どう？　決勝戦って感じする？」「いや、しないですね」「しないよね」みたいな、本当にただの日常会話をしていました。

それくらい気負わず、リラックスして決勝に臨めたことはとても素晴らしいことなのですが、再現性があるかといったら、ありません。もう一回同じことができるかといわれたら、できない。メンバーも変わるし、状況だって変わる。そうである以上、まったく同じシチュエーションというのは起きないわけです。

成功には再現性がないのです。

ただただ時代が呼んだだけ

ですから自分たちで言うのもなんですが、ただただ時代が呼んだだけなのだと思います。「日本一からの招待」を目指してさまざまな取り組みを計画的に行ってきたのは間違いのない事実です。しかし一〇〇年の長きにわたって達成されなかったことが今回達成された理由は単に道が開いたからです。やること為すことうまくいき、望んだことが望んだ通りになったからです。

甲子園大会の場合、第三試合、第四試合になるとそもそも始まる時間が遅いうえに、その前の試合の展開によってはどんどんスケジュールが後ろ倒しになっていきます。コンディション管理を考えると第一試合がベストなのですが、私たちは今回、三回あった抽選ですべて第一試合を引き当てました。

また、仙台育英学園高等学校は複数投手制がチームの武器になっています。そのやりかたで勝ち上がることの本当のメリットは、ここいちばんという場面で疲弊していないピッチャーを登板させられることです。それもすべてプラン通りでした。打順の組み合わせも、ここでこの選手を入れたら活躍する、その反対に、ここで下げたら活躍しないということもすべてが思い通り。細かいことを挙げていったら、もっとあります。

もちろん、そうなるために計画を立ててやってきたのですが、ここまでうまく進むことなんて普通はありえません。「モーセの海割り」のごとく本当に道がぱーっと開けていく感じでした。こういうことは時代が求めているときにしか起きないと思います。少なくとも私たちは、これは時代が呼んだ結果なのだと思っています。

勝利主義と勝利至上主義

仙台育英学園高等学校の硬式野球部監督に就任して以来、夏が終わるとそれまでの一年間の戦いを簡潔な言葉で総括することにしています。それには現チームとしての活動にピリオドを打ち、次の新しいチームを始動させていく意味あいがあるのですが、二〇二二年はそれができませんでした。

なぜなら、終わっていないからです。

いつもだったら負けて終わっていたので、その時点でピリオドが打たれていたのですが、優勝してしまったので、いろいろな意味で終わっていないと感じています。

やはりなにごとも負けからでしか学べないと思うのです。誤解のないようにお話すると、だからといって負けてもいいという気持ちでやっているわけではありません。常に全力で勝ちにいく。勝つために考えうる限りの準備をして、それでも負けたときに初めて学びがあるのです。そういう意味でも、勝利至上主義は絶対にダメだと私は思っています。けれども、勝利主義でないと意味がないのです。

この違いを説明しますと、勝負ごとである以上、決して勝利を放棄してはいけません。どうやったら成果を上げることができるのか。そこに向けて計画を立て、実行し、検証する。そのサイクルがあって初めて選手たちは成長することができるのです。

高校とはものごとに取り組んで成果を出すためのプロセスを学ぶ場所だと思っています。さらに言えば、成果を上げなくたっていいとすら思っています。それは最終目的ではないのです。

成果は求めます。その達成のために真剣さをもってトライします。真剣さをもって挑戦した結果が成果に結実しなくてもよい、ということです。もしかしたら挑戦してエラーすることだってあるかもしれない。しかしそのエラーには真剣さがともなっていてほしいのです。

私たちが目指しているものとは違いますが、「勝たなくてもいいから、楽しくやりましょう」となった瞬間、得られるものが大きく変わってきます。たしかに思い出や優しさは得られるでしょう。

一方、私が生徒たちに提供していきたいのは、楽しむということの本質的な意味あいです。目標を設定し、ものごとを解決していくことを楽しみ、立ちはだかる壁を越えることさえも楽しむことを覚えてほしい、ということなのです。

問題は、楽しむということを本質的に履き違えてしまうことです。叱らない、成果に固執しないことを美しいとする風潮。たしかに耳触りは心地いいですから。

そうではないと思うのです。勝ちにこだわる勝利主義であるからこそ、選手は勝つために試行錯誤をし、成長していくわけです。

勝つことにしか価値がないとなると、それまでのプロセスや負けたことが否定されてしまい、すべてが意味のないものにされてしまいます。「勝てばなんでもいい」「勝つためならば手段を選ばなくてもいい」では、選手の心身の成長によくない影響を与えますし、学校の部活動の趣旨からも大きくかけ離れてしまいます。負けてから学ぶものがあるのです。

CHAPTER 2

失敗

人間は挑戦がすべて。
そして、失敗からしか学べない。

選手としての挫折

思い返せば、私の人生はずっと失敗の繰り返しでした。

私は小学二年生のときに地元の野球チームに入りました。四月生まれだったこともあり、当時は体格もよく、小学四年生からレギュラーとして試合に出て、小学六年生のときはキャプテンを任されました。ポジションは一番・ショートです。中学生になっても、その地区ではそこそこ有名な選手だったと思います。

でも、そこが野球選手としてのピーク。中学の野球部のエースで、私よりも上手だった子がいて、彼が「栃木県の宇都宮学園（現・文星芸大附）に行って甲子園を目指す」というので、すっかり影響を受けて、自分も県外の高校に行って甲子園に出たいと思うようになりました。仙台育英学園高等学校に決めたのは、地元に東北高校と仙台育英学園高等学校にそれぞれ進学した先輩たちがいて、どちらかの学校なら紹介できるよ、と言われたことからでした。

そのころ私は野球雑誌をとても真剣に読み漁っていたので、両校とも東北の名門であることは知っていました。どちらの学校なら甲子園に行けるかな、と調べたところ仙台育英学園高等学校のほうが最近の成績がよかったことがわかりました。

ただ憧れだけ、ただ甲子園に行きたいだけで、学校見学などいっさいせずに決めた高校進学だったのです。


本当に憧れだけで進んだ仙台育英学園高等学校の野球部で私は強烈な挫折を経験します。初日の練習でキャッチボールやノックをさせてもらうのですが、ボールを投げる強さ、打球の飛距離の長さ、もうすべてにおいてレベルが圧倒的に違っていました。

どんなに努力をしてもこれは絶対に追いつけない。入部してすぐに、自分が場違いなところに来てしまったことを思い知りました。

現在の野球部は一学年三〇人ほどですが、当時は一学年六〇人の大所帯。シビアで過酷な生存競争が待っていることはいうまでもありません。いまは絶対にそういうことはありませんが、当時はそれが当たり前でしたし、なんの疑問もありませんでした。戦力と思われていなかった私は、当然のように練習に参加することもなく、来る日も来る日も練習のサポートです。ただ、唯一誇れるものがあって、それは長距離走。長距離走が得意なのは父親譲りで、中学生のときには野球部がオフの時期は陸上部に駆り出されて、地区の駅伝大会などに出場していました。自分で言うのもなんですが、それなりに速く、陸上の強豪校に進んだらいいのではないかという話もあったほどでした。

そのようなこともあり、高校に入っても長距離走には自信があって、一年生のとき、のちに全国高校駅伝で活躍するような陸上競技部のランナーに競り勝って校内のマラソン大会で優勝したことがありました。体力だけはあったのです。

可能性はほとんどないとはわかっていても、それでもどこかで上にあがるチャンスはないかと思っていたある日、おそらく声がよく出ていて、元気がよかったからだと思うのですが、監督からライトのポジションに入れと言われ、初めて練習に参加することになりました。入部して三、四カ月くらい経っていたと思います。

とにかくうれしかったです。ここでいいプレーができたら、引き上げてもらえるかもしれない。そうなれば、この先の野球部での三年間が変わるかもしれないわけですから。

練習内容は、監督がノックして、飛んできたボールを捕って、バックホームするだけ。

ごくごく簡単なことなのに、いざキャッチして投げるとなったとき、冗談抜きにホームが五〇〇メートルぐらい先に見えました。この一回しかチャンスがないという気負いと緊張でそうなったのだと思います。遠くに投げなくてはいけないととっさに思った私は、本来なら低く、矢のような送球を返すべきところを、あろうことか空に向かってボールを投げてしまった。山なりのバックホームです。

その瞬間、完全に終わったと思いました。

わずか一球、ほんの数秒の出来事です。あの光景は一生忘れられません。ナイター練習だったので、照明と夜空の感じをいまでもよく覚えています。結局、それから一度も声がかかることはありませんでした。レギュラーになれる可能性のある部員だったらまだまだチャンスはありますが、私はそうではない。たまたま転がってきた、最初で最後のチャンスだったのです。なのに、あっけなく失敗。結局、高校時代は一度の練習試合にすら出ていません。いまは高校野球の監督をしていますが、選手としてはまったくなんの実績もないわけです。

学生コーチとしての後悔

選手としてはまったく見込みはありませんでしたが、小学校、中学校とずっとキャプテンだったこともあり、リーダーシップはありました。同級生には厳しく言うし、声も大きかったので、一年生の秋ごろにはメンバーに入っていない下級生のリーダー役のようなことを任されるようになっていました。

当時の仙台育英学園高等学校の硬式野球部には、学生コーチという役割があり、二年生に上がるタイミングで次の人選をすることになっていました。一般的にはキャプテンがチーム全体を統率するイメージがあると思いますが、私がいたときは、学生コーチが中心となってチームを動かしていくような感じで、監督の代わりとなって選手を管理するのも学生コーチの役目でした。

それは学生コーチになった時点でプレーはできなくなることを意味します。事実上、選手としての引退です。その候補に私の名が挙がったのです。

正直、絶対にやりたくありませんでした。

甲子園に出たいという気持ちを胸にはるばる埼玉から仙台育英学園高等学校までやって来て、到底追いつけない実力の差は自分で認めつつも、それでも諦めたくなかった。戦いから逃げたように思われるのがイヤだったのです。

しかし先輩からの説得もあり、「自分が役に立てることはこれしかない」と思い直し、引き受けることにしました。なにも期待されていなかった自分が、少なくともチームのなかで役割を与えてもらった。ここに来た意味が初めてできたのだと思い、気持ちを切り替えて、絶対に強いチームにするということが自分の目標になりました。そうでなければ自分が学生コーチになった意味がない。暑苦しいほどの使命感に燃えていました。

もうすでにご想像はおつきかと思いますが、私の使命感は空回りします。

チームがうまくいかなかったらすべて自分のせいだと思い込み、少しでもだらけているような雰囲気があったら烈火のごとく叱る。本当に四六時中、なにかしら怒っていました。言われたほうはモチベーションが下がるし、混乱します。当然、部員からは嫌われます。ストレスしか与えていなかったのですから、当たり前です。唯一、秋の大会で勝ち、春のセンバツに出場したいという気持ちは一緒なので、そこだけを目標になんとか前に進んでいる状態でした。

決してまとまりのあるチームではなかったのですが、佐々木監督の、選手の力を引き出す指導と采配、個々の能力の高い選手が揃っていたので、秋の大会でよい成績を残し、三年生の春にはセンバツに出場して準優勝します。紛れもない快挙です。平成元年夏の本校以来の準優勝、あと一歩で優勝というところまで達したのですから。

けれども、そこからチームは完全に崩壊していきました。


試合で活躍した選手は一躍地元のスターとなって、ちやほやされるものです。まだ高校生ですから、キャーキャー言われると浮かれますし、そこで妙な達成感を覚えてしまう部員も出てくる。そうなると、それ以外の選手とのあいだに大きな気持ちの隔たりが生まれます。レギュラーではなかった選手が練習をボイコットするなどということもありました。本当にぐちゃぐちゃでした。

そして、仲間からの批判が私に向かってきます。「お前がメンバーのことをしっかり見ないからだ」と言われ、なんとかしようと自分なりにいろいろやりましたが、なにをやってもダメ。周りに相談できる仲間もいなかったので、あのときは完全に孤立していました。

いま思い返しても、本当に苦しい日々でした。

その年は東北高校の戦力がとても充実していました。決勝戦はその東北高校との延長戦に勝ち、私たちは夏の甲子園にも出場することができました。

しかしそこが限界でした。

春からのチーム運営がうまくいかなかったのが原因です。学生コーチである私の目と思考は、バラバラのチーム内ばかりに向かい、相手チームとの対戦にまで行き届かなかった。私の失敗が、甲子園で勝ち上がるなんてことを夢のまた夢にしてしまったのです。あっさりと一回戦で負けて、私の高校野球は終わりました。

ひとから好いてもらう能力はとても大事

身も蓋もない話かもしれませんが、人間関係というのは、究極的には好き嫌いだと思います。大人になるとしがらみのようなものもたしかにあります。仕事にしても、継続していくものは、基本的には好きなひと、信頼している相手に頼むのではないでしょうか。ほとんどのひとは、嫌いな相手とは積極的に関わりたいとは思わないですよね。自分の好きなひとと関係性を築いていきたい。
だからこそ、ひとに好かれる能力はとても大切なのだと思います。

私は高校で学生コーチをしていたとき、ものすごく厳しくて、ものすごく嫌われていました。埼玉県からやって来て、たった二日でプレイヤーとしては箸にも棒にもかからないという現実を知り、最初はイヤだったもののなんとか気持ちを切り替えて学生コーチになったという背景もあって、自分がここにいる意味を証明したかったのだと思います。

正直、「もし仙台育英に来ていなかったら、もっと違う人生があったのではないか」と思うこともありました。なんとかして自分の存在を意味あるものにしたい。

考えつくした結論が厳しくすることだったのです。「こうしろ」「こうすべきだ」ばかりで、相手の立場に立ってものごとを考えるということを、おそらく私は一度もしなかった。当然のように嫌われていくわけですが、それさえも自分の仕事だと思っていました。

こうやって振り返って考えると、完全にみんなの足を引っ張っていたわけです。一見、スーパーリーダーシップを発揮しているように見えますが、ひとのモチベーションを下げているし、混乱させている。春のセンバツは、選手の頑張りと当時の佐々木監督の指導力がよくて準優勝しましたが、続く夏の甲子園はあっけなく一回戦で敗退しました。結果としては下がっているわけです。原因の多くは私自身にあったと思います。嫌われることを当たり前だと思い、相手の立場に立たないことの理由にしていた。「こいつが言うのだったら頑張ろう」という環境を作ろうとしなかった。結局、私が仲間に与えたものはストレスだけだったのです。

もっと自分にやれたことがあったのではないか。部活動を引退してからも、後悔はずっと心のなかにありました。

このままで終われない。その不完全燃焼な気持ちを抱えたまま、高校卒業後は青森県の八戸にある八戸大学（現・八戸学院大学）に進みました。スポーツで大学を盛り上げようということで野球部の強化も始まっていて、そこの監督が裏方でチームを強くできる学生を採りたいということで、スポーツ推薦のような形でマネージャーとして入ることになったのです。

私としては、グラウンドに出てノックを打ったり、戦術や戦略に関わったりしたくて青森へ行ったつもりなのですが、実際は監督の秘書的な役割で、全国から監督のもとを訪ねてくる野球関係者のアテンドなど実に貴重な経験を積ませてもらいました。宴席が終わるまで店の外で待ち、「家まで送って」と言うかたを青森から東京までクルマで送り届けたことも何度かありました。その車内での会話から多くを学びました。

ゼロからなにかを作っていくには、ものすごいエネルギーが必要。そこで見た大人たちの振る舞いや人間関係、当時の藤木豊監督（現・東日本国際大学硬式野球部監督）の生きざまに「男が男に惚れるってこういうことなんだな」というひたすら大人の世界を学んだ四年間でした。

強化策が奏功して、野球部自体は強く、一年生のときの全日本大学野球選手権大会でベスト8入りを果たし、三年生のときはベスト4、四年生のときはベスト8という成績で、毎年のようにプロ野球選手を輩出するような強豪校のひとつになりました。言葉は悪いですが、東京六大学や東都大学リーグからは声がかからなかった生徒たちが青森までやって来て、尋常ではない練習量をこなして強くなっていき、有名大学を倒し、勝ち上がっていく。やったらやったぶんだけ強くなる。ひとつのチームが一気に急成長する道のりを目の当たりにし、そのプロセスを経験できたことは、なにものにも代えがたい財産となったのです。

そのようななかにあっても私自身にはやり遂げた、成長したという達成感はなかった。だからこそ、大学卒業後の進路は、自分が成長したなと実感できるようなものを提供してあげることができて、なおかつ一緒に歩むことができる仕事に就きたいとの思いが一層強くなりました。具体的には高校三年生のときに芽生えた、教師という仕事です。その時点では、野球部の監督になりたいという気持ちは五〇％くらいで、それよりも学校の先生になりたいという思いのほうが強かった。ですから、先生になれたならバスケ部の顧問でもいいし、化学部の顧問でもよかったのですが、さすがに適性がないですし、ずっと野球しかやってこなかったので、そちらから声がかかることはありませんでした。

伝えるときこそひとの話を聞く

もし高校時代に戻って、学生マネージャーだった自分になにかアドバイスするとしたら、シンプルに「ひとの話を聞け」と言います。

当時の私は、これが絶対に正しいのだと思い込んで、ひとの話を聞こうとはしませんでした。口を開けば「なんであれをやっていないんだ」「勝ちたくないのか」と相手を責める言葉ばかり。それだと、言われたほうはイヤになります。

かけるべき言葉は、「どう思っているの？」「困っていることはない？」「なにかしてほしいことはある？」でした。なにが問題なのかわかるし、解決の方法も考えられる。私は、伝えるばかりで聞いていなかったのです。それが大きな間違いでした。

いまは、生徒と話すときは、「どう？」と聞くようにしています。聞くときは曖昧に聞くのです、ただ「どう？」と。

そうすると生徒たちは、そのときどきに考えていることや悩んでいることを自然と語り始めます。どうしていきたいのか。なにが足りないのか。答えは私のなかにあるのではなくて、彼らのなかにあるのです。話を聞いて、彼らが求めていることに対して答えていくという感じです。こちらは年長で経験があるぶん、だいたいのことはわかるので、ついついわーっと話したくなるのですが、なにかを伝えたいときこそ話を聞く。生徒が持っている答えをうまく引き出してあげることが指導者の大事な役割なのだと思います。

私自身、意識的にひとの話を聞くようになったのは、仙台育英秀光中等教育学校（当時）の教員になって二年目のときでした。私立の中学校ということもあり、基本的に親御さんたちは学校に対しても、子どもに対しても期待は大きいわけです。公立にはできないことをやってくれる、公立よりも手厚くケアしてくれるだろう、と。

もちろんそのことはよく理解していますし、自分では努力しているつもりでしたが、私が若く経験の浅い担任ということもあって、あたりは正直きつかった。「せっかく私立に入れたのになぜこんなやつが担任なんだ」という感じでした。

そんなある日。思い切って「すみません。教えてもらっていいですか」というスタンスで臨むようにしたのです。

「お父さんやお母さんが教師だとしたらお子さんにどういうことを伝えますか？」「私がお二人の子どもだったらどのように育ててくれましたか？」というように、とにかく話を聞くようにシフトチェンジしました。通常、面談は三〇分ほどですが、私の面談はいつも一時間を超えていたと思います。しかしそうすることで、一緒になって生徒を育てているとの認識を作ることができ、お互いに信頼関係も築くことができたように思います。

忘れられない敗戦

私の指導者としての歩みは、二〇〇六年に仙台育英秀光中等教育学校（当時）の教員となり、軟式野球部の監督に就任したときから始まります。そして、二〇一八年に仙台育英学園高等学校の野球部監督になりました。

足掛け一七年になる指導者人生のなかにはいくつもの敗戦がありますが、いまでも忘れられないのはやはり秀光中学時代のものです。経験値が足りず、多くの失敗からいろいろなことを学びました。

まずひとつ目が、監督二年目のときの多賀城市の大会の決勝戦。この試合に勝てば県大会に行けるという状況です。

試合が進むなか、ここは絶対にバントをしたほうがいいという場面が訪れます。ただ、その選手はこれまでバントの成功率があまり高くなかった。加えて非常に緊迫感のある場面です。

ここでバントが成功したらこの試合は勝てる。そこで私は、バントの指示を出します。結果は失敗。監督である私の愚策です。ジ・エンドです。選手は一生懸命頑張ったのに、私のその采配ですべて水の泡となりました。

成功率が高い選手にバント指示を出し、その結果失敗しても仕方がなかったと思います。そうではなくて、成功率の低い選手に無理やりバントさせてしまったわけです。それは指導者として許されないミスです。

ふたつ目が、二〇一〇年の全中に初出場したときのベスト8の試合です。予選では四番を打っていた対戦相手のバッターが、この大会ではちょっと調子を落として八番を打っていました。とはいえ、気をつけないといけない。そこで、もし彼の前にランナーがいる場合は、より打ち取れる可能性の高い次のバッターで勝負するということを前の晩のミーティングのときに決めていました。

念のためにタイムを取って、伝令の部員に「(前の晩のミーティングで決めたことを)確認してきてね」と言って、ピッチャーのところに行かせたのですが、実はその伝令の部員はなにを確認するのかわかっていなくて、「このバッターでは勝負しない」ということを伝えなかったのです。おそらく初めての全国大会、しかも勝つか負けるかの緊迫した場面で、興奮状態だったのだと思います。結局打たれて、それが決勝タイムリーとなって負けました。「ゆうべ散々話したじゃん」と言っても、こうなってしまった以上、あとの祭り。指導者である私の責任です。わかっているだろう、わかっているはずだと思い込んで、肝心の確認事項をちゃんと伝えていなかった私のミスなのです。


三つ目は、二〇一三年の全国大会ベスト8の試合です。

中学の大会はダブルヘッダーがあるので、誰を投げさせるか、その選択がとても重要になってきます。この試合に先発したピッチャーは、当初の予定では四回あたりで代えるつもりでした。しかし、こちらの予想をはるかに超える好投を見せ、相手チームもまったく対応できていなかったので、結果的に六回まで投げさせることになりました。次の試合で投げるピッチャーを少しでも温存したい。そのためにも、この子が投げてくれたら助かる。そういう判断だったとはいえ、もともとのゲームプランにはないことをやってしまったのです。

次にランナーが出たら交代しようと思っていたのですが、完全に打ち取った当たりを味方のエラーで出塁を許した形だったので、ピッチャーには非がないのだからと、この場面でも代えなかった。その後1アウトランナー一、二塁となって、さらにフォアボールを出して満塁になったとき、ようやくピッチャーを交代しました。

実はそのとき、私たちには二塁をアウトにする必殺の牽制がありました。条件は整っていたので、満を持して実行したところ、みごと成功。誰が見てもアウトのタイミングでした。

ところが肝心の審判が見ていなかった。見ていなかったから判定はセーフです。もう会場は騒然。一五分くらい中断して再開したとき、選手の気持ちは明らかに沈んでいました。直後に逆転タイムリーを打たれて敗退です。

たしかに通常なら考えられないイレギュラーな出来事が起きましたが、監督である私がそこでもう一度立て直すような言葉をかけることができていたら、もしかしたら展開は変わっていたかもしれません。本番で起こりうることはすべてやっておく。類似したケースを想定して、あらかじめ準備しておけば対応できたことなので、それができていなかった私のミスです。ジャッジミスをも想定しておかねばならないのです。

確率の高い選択をする

ミスをしたという意味で、高校の野球部監督になってからもうひとつ忘れられない敗戦があります。二〇一九年の夏の甲子園大会準々決勝での星稜高校（石川県）との試合です。この年は三年生ピッチャーが二人、一年生ピッチャーが二人の合計四人を揃えて戦っていたのですが、本来先発する予定だった三年生の生徒が前の試合で相手チームのバッターの頭にデッドボールを当ててしまい、そのバッターを退場させてしまいました。デッドボールを受けた選手は、そのひとつ前の試合でサイクルヒットを打ってかなり調子がよかったので、試合後に「故意に当てたんじゃないのか」「仙台育英は汚い」という批判がネット上に書かれて、それを当のピッチャーが読んでしまったのです。「ちょっと僕、精神的に次の試合は投げられないです」となり、先発投手の選択肢がひとつ消えました。準備していたプランを変えざるを得なくなったのです。

もう一人の三年生投手は後半のイニングに回したかったこともあり、代わりに一年生ピッチャーに先発を託したのですが、これが結果的に間違った判断でした。

春の大会では先発経験があるものの、夏の経験が浅い一年生に先発投手としてゲームを作ってくれるよう期待したのですが、二回にタイムリーヒットと満塁ホームランを打たれ、序盤で五対〇。完全に主導権を握られてしまいました。さきほどのバントの話と同じです。公式戦に先発した経験が浅いのに、「この選手なら対応できる」と思ってしまった。

その後の判断も遅すぎました。

満塁ホームランが出る前、タイムリーヒットを打たれて一点取られたときこそが判断のタイミングで、ピッチャーを交代すればよかったのです。

しかしどこかで次の準決勝のことを考えてしまった。目の前の試合を勝って初めて次の試合があるというのに、一人のピッチャーが投げられなくなり、次も見据えながらの判断になったことで、一手遅れてしまった。それが命取りでした。本当はいちばん信頼度が高いピッチャーでいくべきだったのです。

私の失敗はほとんどがこのパターン。見込みの甘さからくるのです。

一見、とても適切な手を打っているように感じます。

しかしその実、「こうやってくれるだろう」「こうなるはずだ」という期待値が作用している。もっと慎重に、もっと根拠ある選択をすべきところを期待と見込みで判断し、判断が遅れ、負けを招く。結果、選手たちをその先に導くことができなかったのです。

短所が長所を消さないために

野球というのは、すべてセットプレーです。サッカーでいうところのフリーキック、コーナーキックのようなもの。誰がバッターのとき誰がランナーかが決まっているなかでプレーをします。ですから、展開や予想を立てやすい。つまり、シミュレーションがしやすいといえるのです。

ただ、どんなにシミュレーションをしても、試合になるとこういった想定外のことが起きます。想定外のシチュエーションすべてを挙げ始めるとキリがないのですが、だからと言ってやらなくていい理由にはなりません。同じようなケースが再び起こるかもしれないし、そのときに二度と同じミスを犯さないためにも、シミュレーションは絶対に必要です。考えられる限りのケースを想定して、負ける・負けにつながる要素をすべて潰していく。とにかく負けないようにすることが勝利のいちばんの鉄則なのです。

例えば今年は打てる選手が揃ったから、バッティング重視のチームでいきたいと言われたとします。たしかにそうなのですが、仮に守備に不安要素を抱えているのだとしたらその「負ける要素」に対処するようなシステムを作らない限り、結局はその長所を生かせないまま終わってしまう。短所は長所を消すのです。

得意なことを伸ばすのか、苦手なことを克服するのか。どちらがいいかと尋ねられたら、得意なことを伸ばすことを選ぶひとのほうが多いと思います。やっぱり得意なことをやっているほうが楽しいですから。もちろん、長所を伸ばすことは素晴らしいことです。でも、長所ばかりに目を向けていたら、ダメだと思います。

スポーツやビジネスの世界に限らず、ひととの付き合いかたなどすべてに置き換えても同じだと思います。とにかく売り上げを伸ばそうと考えがちですが、実はそうではなくて、支出を抑えることをまずは考えなくてはいけない。そこから始めることで初めてものごとは積み上がっていくのだと思います。

CHAPTER 3 伝える

話が伝わらないときは
聞く側に方向転換します。

共有する言葉を持つ

前述したように仙台育英学園高等学校野球部のスローガンである「日本一からの招待」は、私が秀光中等教育学校（当時）の監督だった二〇〇九年に考え出したものです。全国大会出場を目指して、やれることはやり尽くしたというくらいにやったのに、それでも行くことができなかった。これだけやってもダメなのだから、招かれるほどのレベルに達しないと日本一にはなれないのだという風に考えを変えたのです。

それから五年後、二〇一四年に全中で初優勝を達成しました。そして、二〇一八年に高校の野球部の監督に就任することになったときも、その考えは変わっていなかったので、「日本一からの招待」を継続して掲げることにしました。これは野球部としての大きなテーマなので変わることはありませんが、メンバーが違えばチームのスタイルも違ってくるので、そのテーマを実現するための活動方針は毎年変わります。

そもそも私が仙台育英学園高等学校硬式野球部の監督に就任したのは、恩師である佐々木順一朗監督が辞任し、あとを引き継ぐことになったからです。

新たなスタートということで、就任一年目の二〇一八年は「走姿顕心《そうしけんしん》」をチームの方針にしました。走る姿にそのひとの心が顕れるという意味で、「キミたちの一挙手一投足がメッセージになるんだよ」との考えがそこには込められています。

二〇一九年が「披堅執鋭《ひけんしつえい》」。堅固な鎧を身につけ、鋭利な武器を持つというもともとの意味から、転じて立場が上の人間が最前線に立って行動するという意味で使われる言葉です。二〇二〇年になり、チームもいよいよ成熟し、さあ、勝負だということで「真剣勝負」にしたのですが、コロナ禍ですべて消えてしまった。

そして翌年。いろいろなことがあったけれど、初めに志したことを貫いて最後までやっていこうという意味で二〇二一年は「初志貫徹」になり、二〇二二年はコロナ禍においてもなにごとも他責にしない、すべては自分次第という意味で「Everything’s all up to me」にしました。

これらの言葉は常に目に入るようにグラウンドに大きく掲示されています。

「自分たちはどのように野球に取り組んでいくのか」

モチベーションを保ち、チームがまとまりをもって進んでいくためにも、共有する言葉を持つことはとても重要だと思います。

そのタイミングは適切か？

いい指導者、管理職というのは、メンタルトレーナーだと私は思います。適切なタイミングで叱り、適切なタイミングで褒める。いまは叱るということに対して勇気を持てないひとがすごく増えています。認める、褒めるということだけでモチベーションが上がると思っているひとが多いように感じるのです。けれどもそんなことはなくて、叱りかたによっては叱られたほうがモチベーションが上がる場合もある。それに、成長の段階や思考力によっては叱られた記憶だけでもほしいときはあると思います。なぜ叱られているのかよくわからないけど、とにかく叱られたという事実で「これは許されなかったんだな」と学ぶことだってあります。

とはいえ、感情に任せて怒鳴るようなことをしてはいけません。なにが悪かったのか説明する。なぜ叱られたのか理解できれば、次の行動に生かせます。そうやってモチベーションアップにつながっていくのです。

褒めるときはみんなの前で褒めて、叱るときは個人で叱る。そうすることで、胸により刻まれるのだと思います。しかし、組織である以上、そこにはいろいろな感情が渦巻いているのも事実。そんな単純にはなかなかいきません。「なぜこいつには注意しないんだ」のようなことにもなったりします。あえて全体の前で叱るときもあるのですが、そうするには前後のフォローが絶対に必要です。みんなの前で叱られると、やはり自尊心、プライドを傷つけられますから。

仙台育英学園高等学校は、全国のトップ・オブ・トップではないですけれど、それでも野球エリートが集まってきているので、そういう部員たちには多少なりともプライドがあります。みんなの前で叱ったときは、「なぜあなたを叱るのか」「なぜこのタイミングで叱る必要があったのか」ということをちゃんと説明する。「なにが許されなくてなにをしたらいいのか」ということは彼自身が考えるところではありますが、「なにに向かってやるべきなのか」は話します。答えを出すわけではなくて、進むべき方向を提示してあげる。そこは指導者の務めだと思います。

いずれにしても大事なのは、叱るにしても、褒めるにしても、とにかくタイミングを見誤ってはいけないということです。

たとえ話として生徒たちに話すのは、テレビのリモコンのボタンの話です。テレビがついているとき、電源ボタンを押せば消えます。逆に、テレビがついていないとき、電源ボタンを入れたらつきます。同じボタンでも相手の状況によって反応は違う。だから、タイミングが重要になってきます。叱るときも、褒めるときも、タイミングを見極めて、生徒のモチベーションを上げるようにしたいのです。

そのためには、彼らの心理状況や彼らが歩んできた道、そしてこれから歩んでいきたいと思っている道などを知る必要があります。かなりたくさんの情報をインプットする必要があるので、常にいろいろなところにアンテナを張らないといけません。日々アンテナを張って、生徒がなにに興味を持って、どういうことを思い考えているのか、ということを拾っていく作業です。だから、乃木坂46のことも知っていたいし、流行りのヒット曲も聴きますし、人気の漫画も読みます。

特に活字と比べて手に取りやすい漫画は、生徒になにかを伝えたいと思ったときにとてもいいツールだと思います。例えば私はよく生徒に対して、「自分が正しいと思ったことでも誰かにとってはそうでない」といったことを話すのですが、それは『進撃の巨人』（諫山創著）や『キングダム』（原泰久著）を読むとわかります。

『キングダム』を読んでいるひとには「登場人物のなかで誰が好きですか？」ということをよく聞きます。どのキャラクターが好きかによってなんとなくそのひとの考えというか、なにを大切にしているかがわかるような気がするので。ちなみに、王道ですが私は王騎将軍が好きです。圧倒的な武力を持ち、知略にも優れ、なにより懐が深い。組織のリーダーとして憧れます。ひとは自分にないものを持つひとに憧れますが、私は王騎将軍にはなれないので須江航で勝負するしかないのですが。

生徒が読んでいる漫画を知っていると、話が簡単に通じるのもメリットです。『呪術廻戦』（芥見下々著）の設定を借りて、「領域展開を発動して、自分の領域で戦え」みたいなことを試合中にベンチで言ったりするのですが、ヘンに真面目な言いかたをするより選手にはストレートに意図が伝わったりするものです。

最近の作品で部員たちに読んでもらいたいなと思っているのが、プロ野球のスカウトマンを主人公にした『ドラフトキング』（クロマツテツロウ著）です。注目のスター選手を獲得することはもちろん、スカウトの真骨頂は、実は下位指名の選手獲得にあります。あのイチロー選手がドラフトでは四位指名だったように、隠れた原石を探し出し、やがて一位指名の選手よりも活躍するスタープレイヤーを生み出すことがスカウトマンのなによりの腕の見せ所です。選手たちの苦悩や葛藤が本当に濃やかに描かれていて、部員にとっても、指導者にとっても学びの多い作品だと思います。

信頼関係がないと伝わらない

いい指導者になるには、伝えかたを複数持っていることが大事です。

論理的に伝えられるほうがいいとは思いますが、「ばっとやって、どーんとやって、カーンとやるんだ！」がいいときもある。言葉が邪魔になるときもあったりするので、なにごとも答えはひとつではないということです。

データについてもそうです。プロの世界で百何十試合のデータを何年分も収集して、相手チームのピッチャーやバッターの攻略法を分析したとしても、それをきちんと伝えることができなかったら意味がありません。データの本質とはどう伝えるかであって、どんなに優れたデータでも伝えかたを間違えれば無用の長物となります。

ましてやプロは個人事業主なので、自分の責任は自分でしか取れない。データ班に「あのピッチャーはこのカウントのときはスライダーを投げる傾向があるから、こうしたほうがいい」と言われても、打てなければその責任はすべて自分にふりかかってくる。となると、どれだけデータ班の分析が優れていたとしても、そこに信頼関係がなければ「あ、そうですか」で終わってしまいます。

要は、しっかり伝えたいと思ったら、そこに信頼関係がなくては意味がないということです。

高校野球は個人事業主ではありませんが、伝えかたを間違えると混乱を招くし、本来のよさを消してしまう可能性があります。うまくいっているときは誰もアドバイスなんてほしくないですよね。ですからそういうときはこちらから積極的にアドバイスをするようなことはしません。どうにもうまくいかなくなって、これはアドバイスを求めているなというときにしか言わないようにしています。だいたいにおいて、ひとは失敗したときに意見を聞くものです。

とにかく失敗させる

指導者の役割も、昔といまとでは大きく変わりました。私が学生だったころにはとても重要だった監督やコーチが持っている経験則や知識が、いまはネットで簡単に調べられます。プロ野球選手やメジャーリーガーがどんな考えで練習しているか、どんなトレーニングメニューを組んでいるか、そういうこともすぐに調べられるのです。

私は監督といっても素人に毛が生えたようなものです。選手としての実績はないし、学生時代はただの補欠でしたから。そういう意味で、自ら実践してバッティングのお手本を見せることはできませんが、知識の引き出しはあるから、こうしたほうがいいということだけは言えます。

指導者の役割というのは、平たくいえば、モチベーションを上げることと、あとは思考の交通整理だと思うのです。選手はどうしても思考が迷子になりがちです。「うまくなるためにはどうしたらいいんだろう」という向上心が先に立ってしまい、いろいろなひとの話を取り入れようとするあまり、あちこちとっちらかって、いったいなにをやっているんだという状態になります。それだけ情報が多すぎるのです。

事実、「この選手のこういうところを真似したい」と言っているのに、やっていることは全然違ったりすることはしょっちゅうです。例えば「千賀滉大選手（ニューヨーク・メッツ）みたいなピッチャーになりたいです」と言っておきながら、「山本由伸選手（オリックス・バファローズ）のこういうところを取り入れたいです」と言ったりする。そういうときは、「それだと体の使いかたが全然違うし、トレーニングの仕方も変わってくるから、あなたの特性を考えたら止めたほうがいいんじゃないの」ということを教えてあげる。私がやっている交通整理とはそういうことです。

実をいうと、とにかく生徒たちには失敗をしてほしいと思っています。失敗をしないというのは怖いのです。とても怖い。

失敗をするためには、まず初めにチャレンジがないといけません。不祥事などはもちろんダメですが、許される失敗はどんどんすべきです。ですから彼らにとってチャレンジだと思うものをどんどん提供していく。できるだけ大人の手を借りずにものごとを解決していく経験を増やすことが重要だと思っています。私が見る限り、失敗した数が多い選手のほうが活躍します。失敗したらいけないんだという思考になっている選手はどうしても縮こまってしまい、本番で力を発揮できなくなります。

チームの勝率を下げてしまういちばんの理由はなんだと思いますか。それは自滅することなのです。だから、自滅しない＝失敗しないという考えになってしまいがちですが、実は違うのです。自分の長所と向き合うと同時に短所には丁寧に対処する。その感覚を持ったうえで、チャレンジしたほうがいいし、失敗したからといってすべてダメなのではなくて、失敗したとしても前向きな失敗というのはあるものです。

失敗があるということはなにかチャレンジをしているということです。やるべきことを積み上げていった先の挑戦は、たとえうまくいかなかったとしても、失敗の理由を検証することで学ぶことができます。そこには伸び代《しろ》しかありません。人生はずっとトライ・アンド・エラーの繰り返しです。現状維持ははっきり言って衰退だと思います。

サイン、時代、欲望を読む

生徒と接するとき常に意識しているのは、固定観念を持たないということです。「こういう生徒だろう」という決めつけはせず、もっと言えば、「こうあってほしいという期待」もしません。

スポーツの世界は、ひとつの目標に対してみんなが一糸乱れず、足並みを揃えて進んで行くのが美しいとされています。たしかにその考えもよくわかるのですが、全員が同じものを見ていれば、そこに至るまでのアプローチの仕方は別に違っていてもいいというのが私の考えです。能力や求められていることは個々人で違いますし、成長や変化のスピードもまたそれぞれで異なります。それぞれ違って当たり前ですし、違ってよしと思っています。

なにごとも早すぎず、遅すぎずというのが大事だと思います。とりわけ変化というのは、早すぎても遅すぎてもいけません。早すぎるといろいろなところにひずみが出てくるし、遅すぎると疾走感がなくて変わっていっていることを感じ取れない。だから、絶妙なタイミングが求められます。

生徒を見ていれば、いろいろな場面で変化のサインや兆候が現れるので、指導者はそれをキャッチして、適切なタイミングで声をかけたり、ときには褒めたり、叱ったりする。こういう言いかたをすれば火が付くタイプなのか、それともしゅんとなるタイプなのか。同じ言いかたでも相手のキャラクターによっては逆効果になることもあるので、その点はかなり慎重に見極める必要があります。

そうやって生徒がそのときどきに求めていることをタイミングよく提供するのが、指導者の大事な役割だと思います。

これに関連して、私のなかにすっと入った話があります。フリーアナウンサーの田中みな実さんがなにかのインタビューで、「求められているもの以上のものを安定して供給できる人間がプロである」のようなことを仰っていたのです。私も以前から同じようなことを考えていたので、それを聞いたとき、本当にその通りだなと思いました。

いま、時代が求めているものはなんなのか。いま、社会が求めているものはなんなのか。

いま、生徒はなにを考え、なにを求めているのか。
ちゃんとできているかどうかはさておいて、求められるものを提供できるプロフェッショナルでありたいといつも思っています。

従わせることは教育ではなく洗脳

今年の新しいチームの特徴として、弟気質な選手が多いことが挙げられます。メンバーのほとんどが兄弟構成のなかで弟という状況なのです。これは私の認識になりますが、弟気質の子は、長所に対しての向き合いかたはとてもいいのだけれど、短所に対しての向き合いかたが下手。二章でも少し触れたように、短所に対する対処が下手だと長所が消えてしまいます。

「キミはこんなにいいところがあるのに、ダメなところが目立ち過ぎてしまって、長所を消している」「短所に対して丁寧に対処していくことを身につけなくてはいけないよ」という話を一カ月ぐらいかけてするのです。

こちらが求めていることと、相手がそれをちゃんと理解し、行動できているかは往々にしてズレが生じます。「ええっ、そんなことを思っていたの？」ということは必ず出てくる。このズレを修正するためにも、しっかり向き合って、コミュニケーションを深く取る必要があるわけです。導いていくというとなんだか偉そうですが、生徒が歩む道筋を照らし、守るのが指導者の役目なのです。

その過程では、気持ち・意見が合わないことがあってもよし、期待しすぎてはいけないとも思っています。いくら子どもに寄り添ってと言っても、私たちの場合、関係性は上下であって、決してイーブンにはなりません。だからこそ、私が言ったことに対してなんの疑いもなく従っていたら、それはもう教育ではない。洗脳です。

学校のみならず、これは職場などでも言えることで、立場が上の人間にとって、文句も言わず従ってくれるのはラクですし、すべてが思い通りになるので気持ちいいと思います。でも、少しでもそんな気配があったなら、「これは支配が強すぎるな」と思わないといけない。自分にとってあまりにも都合がいい状況になっているなと感じたら、「おかしいな」「気持ち悪いな」と思わなくてはいけないのです。上に立つ人間であれば、その感覚は絶対に持っていてほしいと思います。

怒りまくって、恐怖と権力で支配することはたしかに即効性があります。即効性はあるのですが、長く続きません。ひとを代えても同じことが起こるから、本質的な解決にはならない。だから完全にわかりあえることはないのだとの前提で、対話をたくさん重ねることが大事だ、となってくるのです。

優しさは想像力だ

生徒たちと話すときは、監督の立場として言うこともあれば、あえて近所のおっちゃんのような感覚で言うときもあります。背中をドンと押すときもあれば、ただただ温かく見守っているときもあります。指導者の形というのはひとつではないと思うので、ボスみたいなときもあれば、伴走者であってもいいと思うのです。そのときどきに応じて自分の役割を変えていきながら、適切なタイミングでコミュニケーションを取るのです。

と言いながらも、いくら私が言葉をかけてもまったく影響力がないときがあります。どんなに素晴らしいことを言っても響かないときは言わないし、コーチやほかのひとに代わりに言ってもらうこともある。「餅は餅屋」という言葉が好きなのですが、私が言うよりもその道のプロに語ってもらうほうが生徒たちにすっと自然に入ることもたくさんあるのです。そこのさじ加減は重要です。

息のできないような緊張状態はまったく望んでいません。とにかくなにごとも自分自身が選択し、決定するような環境を作ってほしい。それが最終的にストレスフリーな環境だからです。

そのためにも高すぎる目標設定はしないということです。飛びやすいところから飛んでいけるようにしたいのです。

キーワードは「少しのストレスと心地よさ」。成功できたときに心地よさを感じる目標設定をするということです。ぎりぎりなんとか超えることができたみたいなことを続けていたら、最終目標までたどり着く前にもう疲れ果ててしまいます。「心地いいな」が連続するくらいのハードル設定がちょうどいいのです。結局、休むこともとても大切ですから。ずっと息が続くひとはいません。常に頑張ることが大事、続けることが大事という風潮に対しては、私は以前から違和感があります。ずっと勤勉なひとはいないと思うので、休む、寝るということは絶対に必要だと思います。

そして、コミュニケーションを考えるうえで大事なのは、想像力だと思っています。生徒たちにも「優しさは想像力だ」という話をよくします。なにか言いたいことがあったとき、言う前に相手のことをちょっと想像してみてほしい、と。チームメイトがやる気のない練習態度を見せていたら、注意する前に「今日、家でイヤなことがあったのかな」とか「お父さん、お母さんと揉めたのかな」とか「どこか故障を抱えて言えないのかな」など、いろいろな意味で想像力を働かせることで無用な衝突も、ストレスを抱えることもなくなると思うのです。

この話は去年優勝したチームには特にしてきました。それこそチームがまとまらなくては、という場面で、多くの選手はキャプテンが一生懸命頑張ってまとめるものだと思っていた。「誰かがまとめる」のではなく「一人ひとりがまとまる」意識があって初めて意味があるのです。それも想像力です。「困っていないかな」「自分がなにをすれば相手はうれしいかな」。想像力があることで他者に優しくなれるのです。

いろいろな意味で余裕がなくなっているからなのか、他者に興味がないひとが多いと思います。でも、目指すべき目標があり、それを達成しようと思ったら、それでは難しい。

互いのことを思いやり、同じ目標に向かって進んで行けるチームはやっぱり強いのです。

この世のなか、ほとんどのひとはなにかに傷ついていると思うのです。そう考えるだけで、相手とのコミュニケーションが大きく変わるはずです。

芸人さんから話しかたを学ぶ

コミュニケーションの真の大切さを感じるとき、伝えかたが重要とわかってきます。

教員になって間もないころ、どうやったらうまく話ができるかを学びたくて、自分の授業を録画して観ていたことがあります。家に帰ってからの夕食の時間や、観たい映画や観たいテレビの時間といったリラックスできて楽しい時間にあえて自分の授業を観るのですが、死ぬほどつまらないわけです。もう愕然とするくらいつまらない。ショックを受けて、それからは好きな芸人さんのしゃべりを意識して観察したり、いろいろなひとに会って話を聞いたり、話の上手なひとと話すときは録音したりして、言葉の選びかたや話しかたのタイミングを学ぶようにしました。

私は芸人さんが好きで、なかでもしゃべくり漫才が子どものころから大好きでした。

漫才が好きだからというわけではないですが、一昨年の三年生を送る会では生徒や保護者が集まる前で漫才を披露しました。私が台本を書き、生徒と二人でマイクの前に立って。鉄板の身内ネタだからウケましたが、外部のひとたちにはまったく通用しないでしょう。不特定多数に向けて話し、しかも楽しませる話術、伝えかたを持っている。つくづく芸人さんはすごいなと思うのです。

CHAPTER 4

組織

目的を達成するために、
各々がフラットで、各々の判断で行動する。

勝つためのプロセスを学ぶ

大学卒業後は、仙台育英学園高等学校硬式野球部の監督で、私の高校時代の恩師でもある佐々木順一朗先生に声をかけていただく形で、仙台育英秀光中等教育学校（当時）の教員となり、軟式野球部の監督に就任しました。当時、野球部はまだ創部二年目で、部員のなかにはいままで野球をやったことのない生徒もいて、冗談ではなく、打ったら三塁に駆け出していくような生徒もいました。

当然、チームは弱く、初めて臨んだ春の地区大会の初戦では三〇点差以上のコールド負け。このことがきっかけで、翌年から三回コールド負けのルールが設定されたほどです。それほどまでに弱かった。

試合後、私は悔しくて泣いたのですが、生徒たちには負けることが悔しいという感覚すらもありませんでした。

なにより私がいちばん悔しく思ったのが、相手の外野手が全員内野にいたことです。外野にはボールが飛んでこないと思われていた。

これは衝撃でした。ルールは許しても、相手をリスペクトするマナーやモラルが必要だと私は思いました。絶対にやってはいけないことです。もし私たちが将来どんなに強いチームになったとしても、こういうことは絶対にやってはいけないということをそのときに伝えました。ルールブックには書いていないけれど、これはマナーの問題なのだと。そして、もう二度とこういう経験をしないように練習を頑張ろうという話をしました。

その後は、仙台育英の名前もあって有力な選手も集まるようになり、創部一〇年目の二〇一四年に全中で優勝を成し遂げます。私が指導するうえで意識していたのは、勝利に対して真剣に向き合い、勝つためのプロセスを学ぶことです。「勝ててよかったね」で終わるのではなく、「こういうことをやったから勝てた」とひとつひとつきちんと理解する。そうすることで戦術の理解も深まり、野球のセンスも磨かれると思っています。

量が質を超える瞬間もある

センスとは才能ではなくて、感覚です。自転車に乗れるか、乗れないか、のようなものです。センスがなくても、時間をかけて何回も練習すれば大抵の場合、自転車に乗れるようになります。だから、センスというのは磨けるものなのです。「僕、センスがないから無理なんです」というのは間違いで、単に練習をしていないからです。圧倒的に練習量が足りていない。これは声を大にしてお伝えしたいことです。

量が質を超えていく瞬間というのは必ずあります。それが千なのか万なのか、一〇万なのか一〇〇万なのかはわからないけれど、どこかでバンとそのときが来る。成長をグラフ化した場合、右肩上がりにカーブを描いていくのではなくて、一度上がったら、その後は停滞期や下降期があって、また上がって、再び停滞期や下降期があるというパターンを繰り返していきます。そういう意味で、辛抱強く継続できる根性がないとダメなのです。量をこなせる根性は必要だと思います。

理想の組織は『ルパン三世』

そして、二〇一八年に仙台育英学園高等学校硬式野球部の監督に就任。前任の佐々木監督は、とにかく選手の自主性と自由を重んじる指導法で、うまくなりたい選手は練習するし、そのやりかたは個々人に任せるというスタイルでした。ですから能力の高い選手は伸び伸びと力を発揮して、どんどん成長していく。ただ、私は選手としてなんの実績もないですし、監督としての経験も浅く、器的にも能力的にもとてもじゃないけれど佐々木監督のやりかたを踏襲できません。

私の指導者としてのベースは、佐々木監督のもとで学生コーチをしていた高校時代にあります。有形無形、たくさんいろいろなことを学びました。「苦しいときに苦しい顔をしない」という言葉もそうです。苦しそうに自分の弱さを相手に見せるのではなく、苦しいことがあっても笑顔でいたほうがひとに心配をかけないし、誰かが力を貸してくれる。本当にそうだなと思います。

これはほんの一例にすぎず、偉大な先輩たちから学んだ多くのもののうち、自分ができそうだなと思う部分は取り入れるべきだと思います。自分ができないことを単に模倣してもなにも生まれないと思うのです。私は、佐々木監督が言いそうなこと、やりそうなことは腹に入れたのちに一回リセットして、新しい仙台育英のやりかたを作っていこうと考えました。

そのひとつが、すべての選手のデータを収集して、客観的に評価する方法を取り入れることでした。定期的に測定会を行い、投げる、打つ、走るなどの能力を数値化し、選手の個人データを記録する。そうすることで選手たちも現在の自分の能力が把握でき、チームメイトとの比較もできます。なにが自分の武器なのかわかるわけです。しかも、目標とすべき数値と現時点でどれくらい差があるのかも一目瞭然なので、なにが課題なのかもわかります。

　客観的な数値で選手を評価するこのやりかたを採用したのは、ひと言で言うと、全員にチャンスがある状況を作りたいと思ったからです。

　かつての私は下手くそだったということもあり、チャンスがありませんでした。そういう時代だったので不平も不満もありませんでしたが、時代は変わっています。データに基づいてメンバーが決まる過程を可視化することで、誰にでもチャンスがある環境を作ろうと思いました。私たちのチームに補欠・控え選手という概念がないとお話したのは、この理由からです。なににも忖度のない日本一のチーム内競争です。ちゃんとコミュニケーションを取り、課題や進むべき道のりを示したうえで、選手本人が選択をする。それがチーム作りの理想だと思うのです。

とはいえ、社会・世間とは広いもの。いままでは当たり前だった環境と一八〇度違う世界で戸惑いを感じることも多いと思います。

そういう相談があったときは、「郷に入っては郷に従え」という話をするようにしています。「その環境に染まれ」と。

公平な競争の機会があることは、私は意味があることだと思ってやっていますが、別の角度から見たら、選手を伸ばせていない可能性もあるわけです。平等に機会を与えるよりも、一部の人間に集中して機会を与えたほうが結果的には伸びて突き抜けた選手になっている可能性がある。

しかしそれはあくまでも結果論であって、比べることはできません。仙台育英学園高等学校ではなくて、まったく違う学校に入っていたら、プロに行っているかもしれないということだって十分あり得るわけです。なにが正解かはわかりません。でも、その環境でやると決めた以上は、自分自身がその選択に責任を持つ。他者のせいにしてはいけないのです。

どうしても場・環境を変えたいと思ったら、これはもう月並みな言葉ではありますが、自分がリーダーになって変えるしかありません。それが無理で、なおかつそこにいたいと思うのであれば、従うしかないのです。ちょっと古いですけれど、『踊る大捜査線』(フジテレビ系)で柳葉敏郎さんが演じた室井管理官のようなものです。組織の環境を変えたいなら、正義を貫きたいなら、自分がそのなかで偉くなるしかない。

組織のありかたとしていちばんの理想は、『ルパン三世』。目的を達成するために、各々がフラットで、各自の判断で行動する。仕事に納得できないときは組まない自由があり、不二子ちゃんも次元も五ェ門も各々の強みを生かして行動しているので、その形が組織としては理想だと思います。

この『ルパン三世』組織論は、二〇二二年夏の甲子園で勝利したとき、抱き合ってともに喜びをかみしめた、私のメンターのような存在の猿橋部長に学んだものです。

猿橋善宏部長は公立学校に長く勤務された経験をお持ちで、四〇年近くにわたり生徒を見守ってこられました。その猿橋部長が二〇二二年の春、退職されたのを契機に私が本校へお招きしたという経緯があります。語彙力、ストーリー・テリング力が素晴らしい猿橋部長が、理想的な組織のありようとして『ルパン三世』を挙げたのでした。ピラミッドよりもフラットのほうがいいと言われますが、ピラミッドであっても階層が固定化されなければいいのです。そこにエレベーターやエスカレーターがあって、状況に応じていつでも上がったり下がったりすることができれば、なにも問題はない。風通しがよくて、可変的であること。それが組織にとって重要なことだと思います。

ライバルとともに成長する

成長というものを考えたとき、失敗することと、適切な競争があることが重要になってきます。適切な競争というのは、わかりやすくいえば、ライバルがいることです。ライバルとともに成長していくことが自分の成長につながる。自分の持っている知識や技能を他者に伝えて、それを獲得し合えるような関係性ができたときに、相互の成長が生まれて、最終的にチームの成果が上がると私は考えています。

ですから誰と競っているのか、どの分野のどの数字を追いかけるべきなのかといった細かい現状把握にとても気を遣っています。実際、選手には「誰と競争しているの？」とよく聞きますし、選手たちがライバルと想定する相手もだいたいズレがなく的確です。

プロにとってのライバルは蹴落とすべき存在かもしれませんが、高校野球ではお互いに高め合う存在として捉えるようにしています。現状を正しく認識して、切磋琢磨することで、ともに成長することができるのです。

ただ、ライバルということに関連して、私自身ひとつ気をつけていることがあります。夏の甲子園が終わって、新チームがスタートするときに全員の前で話をしたのですが、もし私が、それこそ「去年のチームはできたのに」や「先輩だったらできたのに」と、優勝したチームやメンバーと比較してキミたちのことを言うときがあったら、そのときは必ず指摘してほしいと。優勝チームと比べられることは、選手にとってたいへんなストレスだと思います。メンバーも変わって、環境も変わっている以上、ここから作っていくのは新しいチームであり、去年とは違うところを目指さなくてはなりません。反省や学びから取り入れることはあっても、去年との比較は意味がないのです。

私自身、尊敬していたり、刺激をいただいたりするひとたちは、自分にないものを持っているひとたちです。

例えばそれは野球の技術を指導する目を持っているひと。具体的にいうと兵庫県高砂市立竜山中学校教諭の井上雄介さんです。

野球をきっちり技術指導できる井上先生は、目がよくて、振ったり投げたりしている動作をスローモーションで見られるような目を持っているのです。ちゃんと見ることができるから、より的確な指示やアドバイスができる。プロのコーチなどでなくても、教員や生徒のなかにその目を持っている部員がたまにいます。

しかし私は私であり、自分の強みで勝負するほかないですから、ｉＰａｄやデータを駆使しながら勝負するのです。

「気持ちで負けた」は判断が早い

気持ちがあればなんでもできる。

アントニオ猪木さんではないですけれど、そういう心構えは大事だとは思います。ただ、それは一周してからたどり着く境地であって、技術や能力のなさに目を向けずに気持ちを語るのは一〇〇年早いというものです。

「なんで負けたと思う?」と聞かれて、「気持ちが足りなかったです」と負けたことを気持ちのせいにしていたら、成長する可能性はほぼ〇%です。敗因を分析したり、同じミスを繰り返さないためにはどうすればいいのかを考えたり、強くなっていくために必要なプロセスを放棄したりしているからです。ちょっと厳しい言いかたかもしれませんが、これは本当にそうだと思います。

シミュレーションを重ね、想定できるすべてのことをやり尽くして、そのうえで気持ちが足りなくて負けたというのであれば重みがあります。でも、そのプロセスを経ずに気持ちが足りなかったから負けたというのは圧倒的な勘違い。

技術がなかったから負けたのです。能力がなかったから、戦略を見誤ったから負けた。そこは気持ち云々の問題で簡単に片づけてはいけません。

なにかを成し遂げていくためには、気合や根性、ガッツのようなものはもちろん必要です。どの要素も欠かしてはいけないと思います。

けれども、それは最低限持っているべき基本的なものであって、なにかものごとを大きく決定づける要因とは異なります。個々人の深いところ、あるいはベースにあるもので、最前面に出てくることではないのです。

本来持っている力が発揮できなかった。そういう場面はたしかにあります。ただ、それは単に発揮する能力がなかっただけのこと。まだ足りていないということです。勝負ごとにおいて本来の能力が発揮できない、持っているものを出せないというのは、何度も同じ話で恐縮なのですが、すべてタイミングを見誤っているからです。その能力を発揮するタイミングを見誤っているから、出せなかったのです。時機を逃すとどんなにいい商品でも売れないのと同じで、どんなに準備していてもタイミングを間違えたら失敗します。タイミングは本当に大事です。

野球以外から学ぶ

野球部では毎年一二月の半ばごろに三年生を送る会を行っているのですが、私が監督になってからは三年生みんなで合唱をやることにしています。その年の三年生を象徴するような曲目を選ぶようにしていて、一一月の第一週目くらいから徐々に練習が始まります。

なぜ合唱をやるのかといえば、野球ばかりやっている彼らに野球以外でなにかひとつのものごとに対して真剣に取り組む経験をしてもらいたかったのと、このようなエンターテインメントはコミュニケーションツールになるので、高校時代に少しでも経験したほうが今後の人生でも役に立ちます。

ひとつになったときのハーモニー、美しさを自ら感じ取れる合唱はみんなの気持ちがひとつになりますし、野球と同じでなにかを計画して、構成して、修正して、改善して、作り上げていくという作業があるところも素晴らしいと思います。パートごとに分かれるので、「お前は声が響くから、このパートをやったほうがいいよ」というやり取りがあったり、仲間の意外な才能を発見したり、野球では裏方に回っていた選手がここで主役になったりすることもあって、各々の個性が生かせたりするという点でも合唱はコミュニケーションにおいてとても有効だと思います。

また、送る会とは関係がないのですが、合唱以外にも、自分の好きなことをプレゼンする発表会もやりました。

好きな食べ物をまとめてプレゼンする生徒もいれば、漫画やアニメをまとめる生徒などもいて、なかには犬をプレゼンするなんていう生徒もいました。

そこに一人ひとりの個性が表れるわけです。「こんな一面あるんだ」ということがわかるし、「この子のこと、ちょっと誤解してたな」とか「こいつ、けっこう笑いが取れるな」など、生徒の違う一面が見られるし、大いに気づかされます。

清掃活動やボランティアなども含めて、失敗と成長の機会は、グラウンド以外にも提供したいのです。

CHAPTER 5

習慣

ストレスは感じない。
ノーストレスな毎日を送る。

一日のスケジュール

私の一日のおよそのスケジュールは、朝は六時前に起きて、まずは小学生の長男とキャッチボールをします。それから朝のお勉強をちょっとだけするのでそれを見て、その後ティーバッティングに付き合って、六時四五分ころにクルマで家を出て、七時前に学校に着く感じです。早い生徒は六時過ぎには登校して自主練習を始めます。だいたいみんな七時くらいにはグラウンドに来るので、そのタイミングにはいるようにしています。

普段は情報科の教諭として授業を受け持っているので、授業が終わったあとに野球部の練習を見ます。以前は自宅に帰るのは二一時半くらいでしたけれど、ここ数年はコロナ禍で部活や時間割編成が変わり、一九時には帰宅しています。帰ったら子どもとお風呂に入って、ご飯を食べて、子どもたちが寝るのは二〇時半くらい。

一日のなかでとても大事にしているのは子どもたちとの時間です。野球以外の話題であまりお話ができないので、共通の話題を持つことがものすごく重要なのです。

その共通の話題として『SPY×FAMILY』などのアニメを子どもと一緒に観ています。長男も幼稚園の長女も大好きなので。幼稚園で女の子はみんなアーニャの真似をしているようで、クラスに二〇人くらいアーニャがいるそうです。『SPY×FAMILY』はOfficial髭男dismが歌っている主題歌の「ミックスナッツ」が素晴らしいですよね。歌詞の内容がちゃんと原作の内容にリンクしているし、転調の具合もみごとで、このようなかたが天才なのだなと思います。どういう思考をしているのか、一度会ってお話を聞いてみたいです。

子どもが休んでから二三時くらいまでは自分の時間です。残っている仕事をするときもあれば、情報収集のような感じでひたすらネットでいろいろなものを漁っているときもあります。生徒たちとのミーティングの材料になるようなものがあればテレビも観ますが、なにか特定の番組を観ているということはありません。

自分はノーストレス。と思い込んでいる

体は健康といえば健康です。ただ、二〇一五年に大きな肺炎をしました。ちょうど県外

の遠征から戻ってくるときで、空港に着いた時点ですでに具合が悪く、その日はとりあえず家に帰って寝ました。次の日は学校に出勤しないといけなかったので、クルマで向かっていたら「これはちょっとダメだ」という状態になり、家に引き返して救急車を呼んで、そこから五日間くらい記憶がありません。目を覚ましたときには病院のベッドの上で、結局一カ月以上、入院しました。

あとから聞いたところ、シリンジポンプでけっこうな量のモルヒネを打っていたそうで、危ない状態だったようです。風邪をこじらせてこうなったらしいのですが、三〇代の既往症のない人間が風邪症状から始まった肺炎で生きるか死ぬかのように重症化するケースは医学界にほとんど症例がないとか。お医者さんも驚いていました。相当珍しかったようで、「研究対象としてやらせていただいてもよろしいでしょうか」と言われ、一年くらいあとに私のケースをアメリカの学会で発表したという連絡がありました。少しでもお役に立てたようでよかったです。

健康と言っておきながら、入院したことはまだあって、二〇一九年に大腸憩室炎で入院したことがあります。憩室炎自体はたいしたことではありませんでした。放っておいて合併症を起こすとたいへんになるということで最初は仙台の病院に入ったのですが、日程がちょうど明治神宮野球大会とかぶってしまうことがわかり、どうしても大会に行かなくてはならないことを説明して、東京の病院を紹介してもらい、試合のときだけ病院を抜けて神宮に通いました。あれは個人的に忘れられない体験です。

選手の能力はすべて数値化して観察しますが、自分自身の健康に関してはちょっと甘いのかもしれません。

でも、似たようなひとはわりといるのではないでしょうか。私の場合、太り過ぎなのも含めて、不調になる原因はすべて暴飲暴食にあると思います。食べ過ぎもストレスからくると言われるそうですが、自分自身にその自覚はまったくなくて、ノーストレスです。

旅行は気晴らしになって好きです。基本的にノーストレスなので、ストレス発散の手段とは異なりますが。寮生活の生徒たちも年末は実家に帰るので、その時期にたまに家族旅行に行きます。旅行は非日常だからいいですよね。リフレッシュされます。

それこそ仙台育英秀光中等教育学校（当時）の監督をしているときは、全中が終わると三日間ほど休みが取れたので、次の年の全中の試合会場を見に行くのを目的に旅行をしたことがあります。新潟が会場だったある年、私たちはベスト４で負けてしまったのですが、その翌年の会場が宮崎だったので、その休みを使って、宮崎の試合会場を回りつつ観光しました。

いつ負けるかもわからないので前もって予定を立てられるわけでもないのです。飛行機のチケットは直前になって買うので高いうえに、現地に着いたら着いたで町の市民球場を見て回る。そして、係のひとに「球場の芝生の感じとか見ていいですか」などという旅になるわけです。普通の家族旅行では絶対にやらないことですよね。それに付き合わされる家族はたいへんだったと思います。

結局、ノーストレスと言っても、私がそう思い込んでいるだけなのかもしれません。家のことはほぼ妻任せですし、代わりに妻がすべて引き受けてくれているから、そう言っていられるのだと思います。

その点はたいへん申し訳ないと思っていますし、いつもありがたいなと感謝しています。

CHAPTER 6

本質

それ自体に本当に意味があるのか、
そのことは絶えず
自問自答しなくてはいけない。

「やめたらいろいろなことができる」

仙台育英学園高等学校硬式野球部の人数は一学年三〇名ほどです。私の時代は一学年五〇名を超えていたので、それに比べるとかなりの少数精鋭です。

「もし仮に仙台育英に行くという選択をしないで、野球以外にほかのことをやりたいと思ったら、高校三年間でなにができるだろうか」という話をする機会がよくあります。

野球をしないで、その代わりにコンビニエンスストアでアルバイトをしたら、一日三時間働いて三〇〇〇円くらい稼げます。頑張って週に六日くらい入れば、一週間で二万円近く稼げて、一カ月だと八万円、一年だと九六万円になる。それだけあれば、夏休みに短期留学に行けます。好きなものも買えるし、遊びも勉強も自分のペースでできる。そういう人生だって選べるのに、「本当にここで野球をやりたいの？」ということです。

さらに部員たちに言うのは、「このなかで野球を職業にできる部員はほとんどいないんだから、やめたらいろいろなことができるよ」。プロは言うに及ばず、社会人野球や独立リーグに進んでプレーできる選手はほんのひと握りに限られるのは現実です。

別に覚悟の度合いを測るのが目的だとかそういうことではなく、「とにかく選択肢はたくさんあるんだよ」「なんだってできるんだよ」ということをちゃんとわかってほしい。生きかたをじっくり考えるというか、自分の将来をちゃんと考えて、そのうえで野球をやりたいと思う気持ちを大切にしてほしいのです。

ひとつのことに没頭する時間はたしかに尊いのですが、そのなかでも自分の人生や生きかたに関わることは常に自問自答しながら過ごしていくべきだと思います。ただ野球がうまくなるだけではなく、自分を磨き、社会に出るための力を養う。そのための高校三年間にしてほしいのです。

今年の三月に卒業した三年生に、走るのも、投げるのも、体の力もすべての項目でトップクラスなのに、レギュラーになれない部員がいました。彼の努力は本当に称賛に値するものでしたが、このパフォーマンスで大学に進んで野球を続けるのは正直厳しい。とはいえ、その能力を生かさないのはもったいない。コンタクトスポーツをやれば間違いなく日本代表レベルになれる逸材なので、本人と深く話し合った結果、彼はアメフトに転向することになりました。スポーツ推薦のセレクションを受けたところ、すべて合格です。本人の努力は必要ですが、きっと素晴らしい選手になると思います。

野球が好きで一生懸命打ち込んできたけれど、残念ながら実力がなければ先はありません。野球だけがすべてではないし、野球をやめても人生は続く。そのことを真剣に考える必要があるし、伝えたいと思います。

世間には、石にかじりついてでもひとつのことを成し遂げるのがよしとされる風潮があります。

でも、そんなことはないというのが私の考えです。

当然、野球には真剣に全力で取り組みますが、大事なのは高校三年間でいったいなにを手に入れたいのかということではないでしょうか。仙台育英学園高等学校に入って、野球がうまくなったという以外になにがほしいのか。卒業するときまでに、なにを手に入れたいのか。

私は、部活動というのは、社会に出るための疑似体験だと思っています。社会に出たら、適切に目標を設定して、トライ・アンド・エラーを積み重ねながら、成果を上げることが求められます。ものごとをどのような角度で捉えて、どのように検証して、どのように実行していくのか。その繰り返しによってひとは成長していきます。ですから部員たちには、やがて社会に出たときスムーズに適応できるように、部活動を続けながらも常にその意識を持って取り組んでほしいと伝えています。野球だけではなく、生きかたも学んでほしいのです。

と同時に、部活動は思い出づくりであるのも事実です。振り返ったときに、「あのとき楽しかったな」とか「残念だけど、あのときちょっと諦めてしまったな」でもいいのですが、自分の人生が一冊の本だとしたら、本校の生徒たちは部活動の部分がページの相当数を占めると思います。

もしかしたら他人にとっては、「それがなんなの？」ということかもしれません。けれども、当の本人にとってはかけがえのない記憶です。それが生きていくうえでの励みになったり、心の拠りどころになったりもします。つらいときや苦しいときは、思い出のなかで生きたっていい。なにかに真剣に向き合うことによって、思い出は強くより濃く残ります。思考の帰ってくる場所、困ったとき、苦しいときに思考が帰ってくる場所を残してあげたいと思っています。

美しいものを疑ってみる

子どもたちはあまりにもジャッジが早く、いとも簡単にものごとを投げ出します。なにかものごとをやり遂げる・成功することは本人の自信につながるし、やり切って失敗したらこの先はアプローチを変えてみるなど取り組みかたの質が変わります。どちらにしても学びなのです。

しかし、乗り越える前のまだまだ途中の段階で、新しいことを齧《かじ》っては止め、齧っては止め、が多いのです。なぜならここでも情報量の多さが原因です。

ものごとをやり抜く力は求められています。そこに理不尽な強制力のようなものがあってはいけませんが。

小学校であれば、「明日も練習に行きたいな」や「今度の試合で勝ちたいな」でもいいのですが、中学校や高校になれば、ロジカルに成果に対して向き合うことは絶対に必要になってきます。

いま、部活動の指導が非常に難しい時代になっています。その解決策として展開される「楽しければいい」という論。私は違うと思っています。たしかに美しい話です。大人の指示によって動くのではなくて、子どもたちが主体的になって取り組んでいく。それはその通りだ、素晴しいと思います。

けれども、本当にその子を育てようと思ったら、それだけではうまくいきません。成果と向き合わないまま、子どもたちが主体となって活動しているようなチームが強くなるのも、子どもたちが適切な学びを得ていくのも難しいのです。指導者が適切な目標を設定して、生徒たちが各々の成果と向き合うことで、成長があるのです。子どもの自主性を尊ぶというポリシーは一聴すると聞こえがいいので、それが正しいという風に報じるメディアも増えています。そんな風潮を私は危惧していますし、本質的なところからズレているなと感じるのです。本当の意味での主体性はパートナーとして共に作りあげるものだと考えています。

また私は、美しく見える・聞こえることはほとんどダメだと思っています。

それこそ企業研修などで、ひたすら声を揃えて「できる！」「やれる！」を連呼させたり、ミーティングのときにきれいな円陣を組んだり、上司からの檄に対して「はい！」「そうです！」だけを繰り返したりする場面をたまに見たりします。一見すると、まとまりもあって気持ちよく感じられますけれど、あれはただのマインドコントロールです。一種のトランス状態を作り出し、思考停止にさせて指示に従わせているだけ。三章で「従わせることは教育ではない」という話をしましたが、これは上の立場の人間、もっと言えば支配したいと考える人間にとって、ものすごく都合がいいやりかたです。ああいうのが私は苦手で、とても怖いことだと思います。

だいたいなにごとにおいても、美しいこととというのは選択権がないと思うのです。だから、いま、自分たちがやっていることで美しいと思うことは疑わなくてはいけない。

例えばきれいに道具を揃えるということ。モノを大切にすることはとても大事なことですが、ただきれいに揃っていることに価値があるのではなくて、きれいに揃えることの価値観を共有していることに意味があるわけです。揃っていなかったら罰則があるなどの話を聞くと、本質を見誤っているなと思うし、無意味だなと思います。

ほかにも、ウォーミングアップのときに動きがきれいに揃っていると美しいと言われますが、体の筋温を上げて、ハイパフォーマンスを出すために必要な運動を入れていくことがウォーミングアップの本質的な意味で、きれいに揃えることが目的になっていてはなんの意味もありません。

同じような話で、以前は練習後の日課として生徒に野球ノートを書かせていたことがあったのですが、あるとき「これは意味があるのかな」「時間を浪費しているだけなのではないかな」と思って、すぱっと止めました。監督の私が読むとなると、どうしたって部員たちは作文をします。本音を一〇〇%は書かないし書けません。そんな大人に見せるためのノートを書いてもしょうがないですよね。ならば休養や自分で選択できる時間にしたほうがよい。いまは試合があったときだけ振り返りのために書かせています。

美しいことはわかりやすいし、正しいことのように思われがちです。でも、それ自体に本当に意味があるのか、そのことは絶えず自問自答しなくてはいけないと思います。自問自答を怠るとどんどん自己満足になってしまう美しさという名のものたち。そうならないように気をつけないといけません。

すべて想定内だから

大人がやるべきことは、子どもの邪魔をしないことです。自分の手から放してもいいなと思ったら、邪魔しないことが大事。小学生くらいのうちは安全管理の面もあり大人が介入してもいいのですが、自我が芽生え、自分で考えてものごとに取り組むようになり、いろいろな意味で競技の本質のようなものに気づくようになったら、大人はもう手を放すべきです。

成熟して自走するような組織ができているのに、いつまでも大人が介入して、なんでもかんでもやってしまってはロクなことになりません。これは大抵の組織でも同じなのではないでしょうか。せっかくスタッフが自立したりよいアイデアを提出したりしているのについ介入してしまう。

責任の所在をはっきりさせて、そのうえで向こうから助けを求めてきたり、なにか相談されたりしたときに動けばいいのです。それまで大人はただ待っていればいい。たまに「なんじゃこれは!?」という案件が発生したりしますが、「しょうがない、しょうがない」と腹を括って、辛抱強く見守るしかないと思います。

高校を卒業し、私の手を離れてから先の生徒たちの人生が豊かになっていくことに対してはものすごく期待しています。苦しいときには頑張ってほしいと心の底から思っています。

もしこちらが思い描く理想通りの結果にならなかったとしても、「まあ、しょうがないかな」と思うようにしています。その「しょうがない」とはどういうことかというと、高校三年間彼らを育てるなかで、トライ・アンド・エラーをすることや真剣に取り組むことの本質を伝えているつもりですが、そのうちの八割くらいは伝わらなくても仕方がないかなと思うのです。それに対する「しょうがない」です。

伝わらないからといって生徒たちに裏切られたなどとは思いません。生徒たちの反抗、反発も受け入れています。

コントロール、ハンドルできることはほとんどない

この世のなか、自分の力で変えられることなんて、ほとんどありません。コントロール、ハンドルできることのほうが少ないと思っています。時代や社会状況はもちろん、人間関係や試合の勝敗ももっと深いところに原因があって、自分の力だけでどうにかできることではないので、なにが起こっても受け入れるほかないのです。「なにこれ、ちょっと無理」「なんでこんなことが起きるの」と思っても、もう起きてしまっている以上は受け入れるしかありません。

私の場合、妻の機嫌ひとつコントロールできませんから。そもそもコントロールしたいとも思いませんが、お互い好き合って結婚した仲であっても、思い通りにならないことは多々あります。いちばん身近にいる人間でさえそうなのだから、あとはもうどうしようもないというか、受け入れるほうが実は気持ちが軽くなったりするものです。

東北勢の初優勝ということでいまはいろいろ持ち上げられていますが、負けたりしたら

パッと評価は変わると思います。ただ、そんなことは想定内ですし、もしそうなったとしてもなんのストレスもないです。前章でノーストレスな生きかたをしていると話しましたが、手のひら返しは当たり前だと思っているので、なにを言われても気にはなりません。

その代わり、反骨心みたいなものはあります。

中学校野球部の監督で日本一を経験し、その四年後に高校の野球部の監督に就任したときもさまざまなノイズはありました。

試合で負けると「あいつじゃ勝てない」、今回のように優勝したらしたで「運がよかっただけ」。

なにごとも自分の力ではコントロール、ハンドルできないので最終的には「まあ、いいや」で終わり。なんとも思わない。そこは自分の特長だと思います。

ノーストレスだということはお話ししましたが、文句や批判を言われることに対してこのようにストレスもないので、ＳＮＳもよく見ます。試合が終わったあと、コメント欄などを見て、そこで自分の采配のチェックをしたりしています。「采配の狙いをわかってもらえた」というときもあれば、「こういう風に考えるひともいるんだ」というときもある。

自分ではベストだと思ってやったことでも、ひとによっては悪手に見えるのだなということがよくわかります。ＳＮＳでメンタルをやられるひとも多い世のなかですが、私は自分なりに積極的に活用しています。先述したように他人の意見はコントロールできないので、コントロールできないことにストレスを感じるのは時間のムダだと思うのです。それに、発言した当人は私に文句を言ったことすら忘れて、いまごろ美味しいものを食べているでしょうし。

だから、なにがあっても「まあ、いいや」で終わり。

そうすると、ノーストレスでいられます。

二回目の初優勝を狙う

仙台育英学園高等学校の新チームは二〇二三年の春のセンバツに出場します。実力的にはずば抜けて強いチームではないものの、昨年の夏の甲子園の優勝校である以上、否が応でも注目はされるでしょう。

「日本一からの招待」は変わらず野球部の理念なので、招かれるほどに励みます。そのうえで、私が生徒に向かって話しているのは、「二回目の初優勝を狙おう」ということです。メンバーが代わっているので、昨年とはまったく違う野球で優勝できたらいいなと思っています。

もちろん、そんなに甘くないのは重々承知です。昨年の夏の甲子園はTシャツとジーパンで気楽に出掛けて行ったようなもので、優勝校となったからにはもうその気分ではさすがに無理だと思います。襟つきのシャツくらいは着ないといけません。

また、春の大会は夏への布石となる大事なものなので、ただ勝てばいいというわけでもありません。一般的に春のセンバツに出るということは、フィジカルコンディション的にもそこに一旦ピークを持って行かないといけないので、その後チーム状態は沈みます。かたやセンバツに出場しないチームは、五月くらいから照準を夏に合わせて、六月、七月にかけて右肩上がりに組んでいける。その点でもチームの作りかたは難しいのです。

昨年秋の東北大会後、センバツ出場が濃厚になってから、甲子園に向けてのチーム内の競争が始まりました。さらに強くなるために、個々人が一生懸命に練習に取り組んできました。ベンチ入りできるのは一八人なので、大半の選手がそこから漏れるわけです。競争に敗れた選手はモチベーションが下がります。そうならないように普段から話をしたりしていますが、どうしたって下がってしまうので、ちゃんとケアをしてモチベーションが上向きの状態で大会に臨みたいと思っています。

これも私の失敗経験がもとになっています。高校三年生の春、センバツで準優勝し、その後みごとに壊滅したあの経験です。勝利のあとの崩壊。それを防ぐ方法は、選ばれなかった部員たちへのケアだったことを忘れるわけにはいきません。愛情を注ぐべき対象は、選ばれなかった部員たち。彼らのやる気をキープしたまま導いていくこと。なぜなら彼らにとってはまだ道半ばでしかないからです。その導き手となるのはリーダーの務めです。

メンバー外の選手も含めて全員のモチベーションを上げていくとチームとしてまとまるし、そうなったチームは強いのです。

二回目の初優勝を目指していますが、チームとしては「夏を見据えて、いまこれをやるぞ」という感じです。たとえ負けたとしても、チームとして着実に成長できたと思えるような大会にしたいと思っています。

人生は敗者復活戦

私はだいたい五年後くらい先まで見据えて、こうなったらいいなという台本を書いています。いまから五年前というと、仙台育英学園高等学校硬式野球部の監督に就任したときです。そこからの五年は、新型コロナウイルスの蔓延などまったく予想しなかったことが起きましたが、それでも想定していた歩みからさほど大きく外れていません。

いまから五年後のこともちろんイメージしています。

五年後にこういうチームになっていたいというプランはありますが、一方で高校野球の監督だけが人生ではないという考えもあります。誤解のないように言うと、決して辞めたいということではなくて、いまは私にとっても家族にとっても、高校野球が喜びや悲しみやいろいろなものをいちばん与えてくれるものに間違いありません。妻は全面的にサポートしてくれていますし、子どもたちも球場に応援しにきたり、パパが監督をやっていることをとても喜んでくれたりしています。

でも、状況や価値観が変われば、それらも変わると思います。

子どもたちが成長していけば、当然関わり合いかたも変わってくるので、もしかしたら私がもっと家にいないといけなくなる可能性もある。自分の人生を考えたとき、高校野球の監督よりも大事なことがあると思ったら、そちらを選ぶ可能性は十分にあります。

台本はあくまでも希望や予想であって、その通りにならないこともよくわかっています。ただ、たとえ思っていた通りにいかなくても、それで終わりではなくて、そこから学べばいいのです。

大事なことなので繰り返しお伝えします。人生は敗者復活戦です。

一生勝ち続ける人間なんていません。ですから、生徒たちにはよく「負けろ、負けろ」と言っています。大事なのは、負けたときになにを学ぶかです。その繰り返しでしかひとは成長していかないと私は思っているし、そう信じています。

高校野球の監督を務めてはいますが、先述の通り私の野球人生のピークは小学生時代でした。その後、ご縁があって仙台にやってきて仙台育英学園高等学校硬式野球部で完膚なきまでに打ちのめされ、挫折と失敗を味わいました。そしてまたご縁をいただき、当のその高校の野球部監督を務めています。

生徒たちは私よりはるかに野球がうまい。そんな彼らとこの先も「初優勝」を狙い続けたいと思っているのです。チームのメンバーが代わったので、新しい部員たちにとってはまごうことなき「初優勝」です。

そして私を含めて東北の誰もが知らない世界。優勝した次の年の一年。どう歩んでいくのか。

「日本一からの招待」を掲げています。招かれる条件を満たしておきたい。私はそう考えています。希望、失望も新たな挑戦を与えてくれるはずです。そう生徒に伝わるように丁寧な毎日を過ごしていきます。

おわりに

最後まで読んでいただきありがとうございました。

伝えたいことを伝えるには、丁寧に何度も相手の話を聞き、相手の心の扉を開けること、個人対個人という関係性をもとに築いたうえで話すことが大切です。

年齢が上がるにしたがって目線も上がってしまいがちですが、個人対個人の関係性において「相手によって話しかたを変える」という考えかたは通用しません。

年長者や高位の立場のひとに話すときの丁寧さと、小学生や高校生やスタッフを相手にするときとのそれとで繊細さや丁寧さが変わるのでは相手の心を閉ざしてしまいます。相手の年齢、社会的地位や立場によって使い分ける言葉は薄く、相手に届く力がありません。

伝わらないのです。

また、私が教師として大事にしていることは、生徒に自主性を持たせ、多くの挑戦を促し、失敗の本質を正しく認識してもらうことです。挫折のない人生などというものはありません。失敗し挫折したところから敗者復活戦に臨むのが人生だと思います。

そのような場面で伝わる言葉が必要とされるのだと思います。

東北初の甲子園優勝校の監督などというと、さぞ成功談に満ちた人生なのでしょうと言われることがありますが、私の人生、成功なんてほとんどしていません。

人生をかけて挑んだ高校時代は入学後すぐに挫折した補欠ですから、野球のエリートではありませんし、成功など摑みもしませんでした。いまの私があるのは「縁と運とタイミング」がよかっただけです。むしろ輝かしい実績がないからこそ「こんなこと、無理だろう」とはならず、失敗を恐れず挑戦することができました。特別な才能なんてなにもありません。

運がよかったと言えることは、私が困っているときに手を差し伸べてくれるひとを見逃さなかったことだと思います。自分が頭打ちだと思ったときにスーッと現れる手をいつも摑みました。

またご縁といえば、人生の節目となるタイミングのなかで、自分が持っていないものを持っているひとたちの話をひたすら聞きました。競技、職種を問わず、日本全国に伺い講和ばなしを録音させていただき、通勤やプライベートな時間に聴き続けました。声のトーンやリズムがコピーできるまでに聴きました。


最後に。加藤雄彦理事長校長先生をはじめとする、仙台育英学園の教職員のみなさまがた。埼玉の田舎の少年が憧れだけで受験をし、在学中に多くの支えのもと人生の夢と希望を与えていただきました。当時の愛情そのままに今日も、硬式野球部の生徒たちに深い愛と丁寧なご指導を賜り、ありがとうございます。また、実力不相応でやる気以外のなにも持っておらず、なにものでもない私に「言葉の大切さ」を教えてくれたのは、仙台育英学園高等学校野球部の前監督である佐々木順一朗監督です。このかたとの出会いが人生を変えました。

高校野球において打つ・投げる・捕るという運動能力がないことは無力に等しく、チームに貢献できない、存在意義がないと思っていました。そんな私に、言葉は武器となり自分を表現できるのだと教えてくれたのが佐々木監督でした。

いまは福島県の学校法人石川高等学校野球部監督を務めておいでです。本当に感謝しています。

それから、情熱ばかりで空回りする私を許容してくれた高校時代の仲間たち。苦しかったときに助けてくれた大学時代の仲間たち。

巧みに言葉を操れなかった私とともにいてくれた仲間たちに感謝しています。

そして家族にも感謝です。

家族との時間を持ちたいといいつつ、私はいつも仕事を家に持ち込んでいます。そのような生活を理解してくれることにとても感謝しています。

言葉に対する私の感覚をシャープにしてくれるのは自身の子どもたちです。

ある言葉を聞いた子どものちょっとした反応、変化、感情表現。子どもは言葉を繊細に受け取ります。正直な心もようというか、ある言葉を聞いたときの感情を隠さず表現します。

なぜそんな風に意地悪な言いかたをするの？　などとても率直に言われたりすると、ああ、そう感じさせる言葉を発してしまったのだなとハッとします。そして、生徒たちも同様に捉えているかもしれないと学ぶのです。

私という人間は、今日まで出会ったこれら多くのひとたちから出来上がっている、いわば人造人間のようなものです。多くのみなさんのエッセンスのおかげで今日があります。ひいては今回の優勝はみなさんが作ってくれたのです。ありがとうございました。

そして一緒に戦ってくれた仙台育英学園高等学校硬式野球部の生徒たち。

メッセージを受け取ってくれ、きちんと解釈してくれ、伝わる言葉としてくれた。

私の人生に彩りと喜びを与えてくれる彼らに、スペシャル・サンクスです。

二〇二三年　三月　　須江　航

須江　航（すえ　わたる）

1983年生まれ。小学校２年生から野球を始める。高校は仙台育英学園高等学校に進む。高校２年生秋から学生コーチとなり、高校３年生春夏の甲子園に出場。その後八戸大学（現・八戸学院大学）へ進学、同校野球部学生コーチを務める。

2006年より仙台育英学園秀光中等教育学校（当時）教諭、同校軟式野球部監督。2014年には全国中学校体育大会で優勝、日本一に。

2018年より仙台育英学園高等学校硬式野球部監督に就任。2018年、2019年の夏の甲子園出場。2022年夏の甲子園で東北初の優勝を果たす。史上初の中高優勝監督となる。

同校硬式野球部監督、情報科教諭現職。座右の銘は「『賛否両論』。賛同が多いのは時代遅れの証です。『敗者復活』も好きですね。まだまだだぞ、負けろ負けろと思ってます」。

著者の少年時代。地元である鳩山の野球チームでポジションはショート。

伝《つた》わる言葉《ことば》。
失敗《しっぱい》から学《まな》んだ言葉《ことば》たち

2023年 3 月 8 日　第1刷発行
2024年 6 月10日　第5刷発行

著者　須江《すえ》 航《わたる》
発行者　樋口尚也
発行所　株式会社　集英社
〒101-8050　東京都千代田区一ツ橋2-5-10
電話　編集部　03-3230-6141
読者係　03-3230-6080
販売部　03-3230-6393（書店専用）
印刷所　大日本印刷株式会社
製本所　株式会社ブックアート

ISBN 978-4-08-781734-8　C0095